Karen Kingsbury

Ein Wunder kommt selten allein

Wahre Geschichten

Über die Autorin

Karen Kingsbury wollte schon als Kind Schriftstellerin werden. Zunächst studierte sie Journalismus und schrieb für verschiedene Zeitungen, unter anderem für die Los Angeles Times. Nach einiger Zeit als Sportreporterin verfasste sie Sonderbeiträge für die Sonntagsausgabe der L.A. Daily News. Ihre rührenden Alltags-Kurzgeschichten waren so gefragt, dass sie ein Angebot einer New Yorker Agentur bekam. So hatte sie kurz nach der Geburt ihres ersten Kindes die Möglichkeit, einige ihrer bisherigen Artikel zu sammeln und als Buch herauszugeben. Das war der Beginn ihrer Karriere als Autorin zahlreicher Bücher, die in den USA regelmäßig zu Bestsellern werden.

Karen Kingsbury

Ein Wunder kommt selten allein

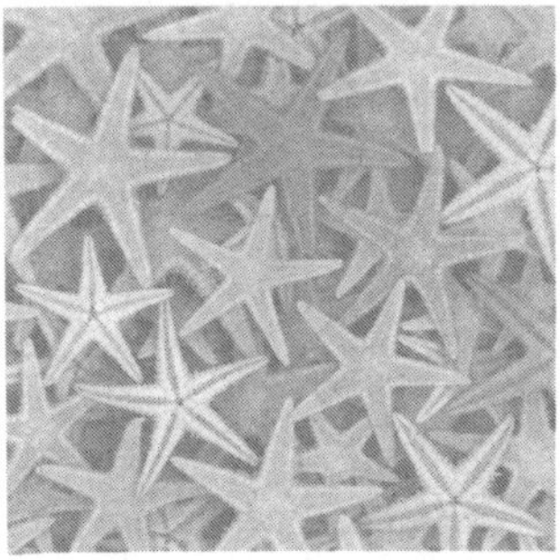

Wahre Geschichten

GerthMedien

Die amerikanische Originalausgabe erschien im Verlag
Warner Books unter dem Titel »A Treasury of Miracles for Friends«.

Aus dem Amerikanischen übersetzt von Mechthild Bruchmann.

This edition published by arrangement with Warner Books, Inc.,
New York, New York, USA.

Dieses Werk wurde vermittelt durch die literarische Agentur
Thomas Schlück GmbH, 30827 Garbsen.

Best.-Nr. 816 055
ISBN 3-86591-055-6
1. Auflage 2006
Umschlaggestaltung: Michael Wenserit
Umschlagfotos: corbis/getty images
Satz: Die Feder GmbH, Wetzlar
Druck und Verarbeitung: Ebner & Spiegel, Ulm
Printed in Germany

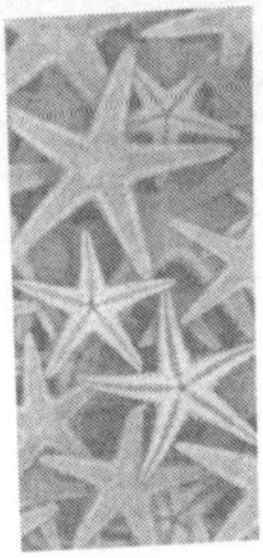

Inhalt

Einleitung

Es fiel mir nicht schwer, Wundergeschichten über Freundschaften zu finden. Warum? Weil Freundschaften an sich schon Wunder sind.

Zwei Freunde, das sind zwei Menschen, die sich im Leben – jeder auf seine Weise – mit ihrem Glauben, ihren Finanzen und ihren Familien auseinander setzen. Zwei Menschen, die über die Liebe, das Leben und das Alleinsein staunen. Die gemeinsam stärker sind als jeder für sich allein.

Freundschaft verknüpft unsere Herzen und gibt uns die Gewissheit, dass alles, trotz aller Widerstände, ein gutes Ende nehmen wird. Schon die Bibel sagt, dass zwei besser dran sind als einer allein. Dass ein Freund im wahrsten Sinne des Wortes eine Stütze für uns ist. Kann ein Freund für uns so etwas wie ein Geschenk von Gott sein? Ein Wunder vielleicht?

Ich entdeckte bei meiner Suche nach wunderbaren Erlebnissen mit Freunden, dass Gott uns sehr oft durch Freundschaften beschützt, uns ermutigt, unseren Glauben stärkt und uns in Freundschaften reifen lässt. Das hat mich tief beeindruckt. Ein Freund bringt uns zum Lachen und lehrt uns Kameradschaft. Er lässt uns mitleiden und weckt in uns Verständnis.

Manchmal führt uns ein Freund sogar in Gottes Herrschaftsbereich – in den Bereich, wo Wunder entstehen.

Sollten Sie schon einige meiner Bücher über Wundergeschichten gelesen haben, wissen Sie bereits manches über solche Geschichten. Jede von ihnen beruht auf einer wahren Begebenheit und passt zum Thema des Buches. In jedem Fall handelt es sich um ein wahres Wunder.

Überlegen Sie sich einmal beim Lesen, wo Gott für Sie durch einen Freund oder eine Freundin in Ihrem Leben Wunderbares geschehen ließ. Denken Sie immer daran, dass wir – wie unberechenbar, wie einsam und kompliziert unser Leben auch sein mag – zu jeder Zeit in Gott einen guten Freund finden.

Sie können sich beim Lesen der folgenden Geschichten auf einen reichen Schatz an Wundern freuen, in denen Gott Freundschaften gebrauchte. Das Buch wird Ihnen Mut machen, Freundschaften zu pflegen.

Das Klassentreffen

Larry Bradford war an der *North Franklin High School* sozial gesehen ein Nobody.

Er war zwar in der Jugendgruppe der *North Atlanta Christian Church* sehr aktiv, er war ein guter Schüler und war als Pfadfinder ausgezeichnet worden. Aber seine Mitschüler nahmen ihn kaum wahr. In seinem Rucksack befand sich zwischen seinen Schulbüchern eine in Leder gebundene Bibel, ein Geschenk seines Vaters. Vater war sein bester Freund.

»Warum hast du eigentlich keine Freunde?«, fragte sein Vater ihn hin und wieder.

»Weil ...«, Larry senkte den Blick, »weil die Schulkameraden mich eigentlich nicht mögen. Nicht wirklich mögen.«

»Nun, mein Sohn«, sagte Larrys Vater und verzog sein Gesicht zu einem viel sagenden Lächeln, »das soll sich ändern. Ich will beten, dass du eines Tages mehr Freunde haben wirst als alle anderen in deiner Klasse.«

»Okay«, sagte Larry gleichgültig und hob die Schultern, »wenn du meinst ...« Sein Vater fand es merkwürdig, dass es niemanden an der *Franklin High School* geben sollte, der mit seinem Sohn Freundschaft schließen wollte. Für Larry war das kein so großes Problem. Schulfreunde musste er nicht unbedingt haben. Er war halt anders als die Mitschüler in seinen Mathe- und Englischkursen. Damit konnte er leben. Larry hatte ja schließlich seinen Vater. Jemanden, mit dem er reden und beten konnte und mit dem er an Wochenenden gelegentlich zum Angeln fuhr.

Sein Vater war genau der Freund, den Larry brauchte.

Eines Tages jedoch, Larry war noch Schüler der High School, verstarb sein Vater im Fernsehsessel am plötzlichen Herztod, während er sich ein Football-Spiel anschaute. Zur Beerdigung erschienen etwa fünfzig Menschen – Freunde aus der Kirchengemeinde und einige nahe Familienangehörige. Als Larry etwa eine Woche später der endgültige Verlust seines Vaters in seiner ganzen Härte bewusst wurde, litt er unsagbar. Er hatte seinen besten Freund verloren!

Durch den Tod seines Vaters wurde Larrys einsamer Posten in der Schule noch deutlicher. Seit dem Gespräch mit dem Vater über seine Schulkameraden hatte Larry nicht etwa Freunde gewonnen. Nein, es waren eher weniger geworden. Viel weniger.

So dünn und schlaksig wie er war, fiel er überhaupt nicht auf. Er gehörte weder zu den Designer-Typen an der Schule, noch zu den Ökos, noch zur Elite einer Sportgruppe. Im Speisesaal saß er allein, las in seiner Bibel mit dem abgegriffenen Ledereinband und fragte sich, wie er den nächsten Tag ohne seinen Vater bestehen sollte. Ab und zu setzte sich einer aus seinem Jahrgang zufällig in seine Nähe, schaute heimlich zu Larry hinüber, der, ein Schinkenbrot kauend, in seine Bibel vertieft war. Manchmal flüsterte einer dem anderen etwas zu. Sie kicherten hinter der Hand, nannten Larry einen »Bibelwurm« und stellten ihm Fragen wie: »Was sagt denn die Bibel über die Hölle?« oder »Wie kannst du so einen Quatsch überhaupt glauben?«

»Gott ist Realität. Es gibt ihn wirklich!«, pflegte Larry darauf zu antworten. »Was *wir* von Gott halten, ändert nichts an der Wahrheit.«

Die bissigen und verletzenden Bemerkungen seiner Schulkameraden beirrten Larry nicht. Er wollte ein aufrichtiger Mensch sein, wie sein Vater es gewesen war: glaubwürdig und opferbereit; ein Christ, der danach strebte, sein Leben in der Abhängigkeit von Gott zu führen. Er wollte eine Familie gründen und leben, wie es Gott gefiel. So hatte sein Vater ihn erzogen.

Larry beendete die High School und bereitete sich zielstrebig auf seinen Abschluss vor. Da er sich nicht mit seinen Klassenkameraden angefreundet hatte, fiel ihm der Wechsel von der High School zur Universität nicht schwer. Er absolvierte sein Examen, wurde Kinderarzt und heiratete. Seine Frau und er bekamen drei Töchter und einen Sohn. Larry trauerte nie den Freunden nach, die er auf der High School nicht gehabt hatte. Der einzige Schatten auf seinem Leben war, dass ihm der Vater fehlte.

An seinem siebenunddreißigsten Geburtstag bekam Larry zwei Briefe. Der eine enthielt die Einladung seiner High School zu einem Klassentreffen nach zwanzig Jahren. Der andere bestätigte etwas, das sein Kollege und Hausarzt am Tag zuvor vermutet hatte: Die Grippesymptome, mit denen er sich seit einem Monat herumschlug, deuteten auf mehr als nur ein schwaches Immunsystem hin.

In seinen Lungen breitete sich ein aggressiver, schnell wachsender Krebstumor aus.

»Ich muss mit dir ein offenes Wort reden, Larry«, meinte sein Kollege und hob besorgt die Brauen. »Wir werden alles tun, was wir von medizinischer Seite aus tun können. Aber wie ist das mit dem Beten? Davon warst du doch immer so überzeugt? Ich würde mir an deiner Stelle Leute besorgen, die sofort anfangen für dich zu beten.«

Larry setzte sich mit seiner Familie um den Tisch und er und seine Frau teilten den Kindern die Nachricht mit. »Wir wollen gemeinsam beten, dass es Papa wieder besser geht«, ermutigte seine Frau die vier kleinen Kinder. Tränen rollten ihr übers Gesicht. »Und wir werden alle, die wir kennen, bitten, ebenfalls für uns zu beten.«

Anfang der folgenden Woche schickte Larry eine E-Mail an Robert Wills, den einstigen Klassensprecher und jetzigen

Organisator des Klassentreffens. Sie hatten damals an der High School einige Kurse gemeinsam belegt. Larry war sich sicher, dass sich Robert an ihn erinnern würde, obwohl die beiden keine Freunde gewesen waren.

»Robert, mir wurde kürzlich die Diagnose Lungenkrebs gestellt. Ich werde nicht am Treffen teilnehmen können. Aber wenn du die Klassenkameraden bitten würdest, für mich zu beten, wäre ich dir sehr dankbar.«

Robert erhielt die Mail und war zutiefst erschüttert. Larry Bradford? Der Bibelleser? Der sollte Lungenkrebs haben? Betroffen sandte Robert an die ganze Klasse E-Mails und berichtete, dass Larry inzwischen Arzt geworden sei und mit seiner Frau vier Kinder habe. Und dass er nicht zum Treffen kommen könne, weil er gegen Lungenkrebs kämpfe. Er hängte Larrys E-Mail-Adresse an.

Und damit begann das Wunder.

Nach und nach erhielt Larry E-Mails von den Schulkameraden seiner Abschlussklasse.

Von dem Quarterback* seines Footballteams – einem richtigen Großmaul – erhielt Larry folgende Nachricht: »Larry, du hast uns alle inspiriert. Diese Welt braucht dich, Junge. Halt tapfer durch und – ja, ich werde für dich beten.«

Von einem Angeber aus seinem Algebrakurs erhielt er folgende Zeilen: »Larry, ich erinnere mich: Du hast immer in der Bibel gelesen und wir haben das nicht begreifen können. Aber heute kann ich dich verstehen. Ich bin Christ geworden und – ich weiß nicht – irgendwie hat sich mein ganzes Leben verändert. Vielleicht lag das sogar an dir. Weil du dich nie mit deinem Glauben versteckt hast. Du hast einen Freund in Branson, Missouri, alter Junge. Ein Freund, der jeden Tag für dich betet.«

Larry war überwältig von den Reaktionen. Er sprach mit seiner Frau darüber und seine Stimme verriet seine Ergrif-

---

* Spielposition in der Offensivmannschaft beim American Football

fenheit. »Du wirst es wahrscheinlich nicht verstehen, Liebling, aber ich hatte keine Freunde in der Schule. Keinen einzigen.«

»Das ist kaum zu glauben«, antwortete sie. »Schau mal, was sie heute schreiben!«

Larry begann mit der Krebsbehandlung. Er hatte eine schwere Entscheidung zu treffen. Wollte er eine Überlebenschance haben, musste ihm ein Lungenflügel entfernt werden. Die Operation wurde für die folgende Woche angesetzt. Während er sich im Krankenhaus erholte, brachte ihm seine Frau seinen Laptop und er konnte seine E-Mails lesen.

Duzende von E-Mails von ehemaligen Klassenkameraden hatten sich in seiner Box angesammelt.

»Ich habe drei Jahre nach unserem High-School-Abschluss geheiratet und ein Jahr später hat mich meine Frau verlassen«, schrieb ein Schulkamerad. »Ich war völlig am Ende und wollte mit meinem Leben Schluss machen. Aber dann habe ich mich an dich erinnert, Larry. Ich sah dich da jeden Tag ganz allein in der Mittagspause sitzen, wie du beim Essen deine Bibel gelesen hast. Du hattest niemanden und du warst trotzdem zufrieden. Ich meine, du warst eigentlich immer zufrieden. Du hast nicht ständig versucht, dich anzupassen. Du warst ausgeglichen und das Glück strahlte dir aus den Augen. Damals, als ich mir nicht mehr sicher war, ob ich den nächsten Tag noch erleben wollte, kaufte ich mir eine Bibel und fand eine Kirchengemeinde. Seitdem bin ich ein gläubiger Mensch. Gib den Kampf nicht auf, alter Freund! Du kannst dir nicht vorstellen, welche Veränderung ich durch dich in meinem Leben erfahren habe.«

Eine Frau schrieb ihm, dass sie von einer Gebetskette ihrer Klassenkameraden gehört und darauf beschlossen habe, sich ihr anzuschließen. In dieser Zeit habe sie sich mit ihrer besten Freundin versöhnt, mit der sie vor etwa zehn Jahren den Kontakt abgebrochen hatte. »Wir beten jetzt beide für dich, Larry. Du bringst uns alle wieder zusammen!«

Entgegen allen Befürchtungen ging es Larry langsam besser. Das Treffen sollte in zwei Monaten stattfinden und Robert Wills schickte wieder eine E-Mail an alle. Er bat darin die Klasse, weiterhin für Larrys Genesung zu beten. Und er forderte sie geradezu auf, Gott auch noch um ein weiteres Wunder zu bitten.

»Betet, dass er zu unserem Treffen kommen kann«, schrieb Robert. »Es ist an der Zeit, dass wir Larry zeigen, wie viele Freunde er heute hat.«

Und so beteten sie weiter.

Absolventen der *North Franklin High School,* Leute aus den unterschiedlichsten sozialen Schichten, beteten allein, mit ihren Familien oder online in Gebetsgruppen für Larry. Sie beteten, dass Gott Larrys Leben verlängern möge, damit er die Welt noch länger mit seinem unerschütterlichen Glauben bereichern könne.

»Larry, wir brauchen dich«, schrieb ein Schulkamerad, der ein richtiger Partytyp gewesen war. »Im Grunde wollten wir damals alle sein wie du. Aber nur du hattest den Nerv, dein eigenes Ding zu machen und du selbst zu sein. Du bist unser Freund und unser Held; du wirst es schaffen, Larry!«

Drei Wochen vor dem Treffen fühlte sich Larry elend und hatte Mühe, seine positive Haltung zu bewahren. Aber an genau dem Tag erhielt er die beste Nachricht seit dem Ausbruch seiner Krankheit. Es hatte den Anschein, als sei durch die Operation der ganze Krebs beseitigt worden. Die Bestrahlungen und die Chemotherapie wurden abgesetzt und wenn es weiterhin so gut aussehen sollte, brauchten sie auch nicht weiter fortgesetzt zu werden.

»Ich hatte nicht damit gerechnet, dass du heute noch lebst«, sagte ihm der behandelnde Arzt. »Ich weiß nicht, was und wie deine Leute für dich beten, aber macht weiter so.«

Gegen Ende der Woche fragte ihn seine Frau: »Hast du noch einmal darüber nachgedacht, ob du zu dem Treffen fahren willst? Deine Mitschüler würden sich sehr freuen, wenn du kommen würdest.«

Larry war sich nicht sicher. Er war zweifellos berührt von dem Einsatz seiner früheren Klassenkameraden, aber er und seine Familie wohnten jetzt in Südflorida. Das würde bedeuten, sich auf einen weiten Weg zu machen und einige Tage unterwegs zu sein. Er griff nach der Hand seiner Frau: »Würdest du mitkommen?«

»Natürlich!« Ihr Lächeln ließ seine Bedenken schwinden.

Larry fühlte sich zunehmend kräftiger. Darum bat er seine Mutter, die Kinder zu betreuen, damit er mit seiner Frau nach Atlanta zum Klassentreffen fliegen konnte. Obwohl er E-Mails erhalten hatte, die ihn sehr bewegten, bekam er am Abend vor dem großen Ereignis doch noch einmal Bedenken. Seine Klassenkameraden würden in ihm vielleicht immer noch den Einzelgänger, den Nobody sehen. Möglicherweise würden sie ihn wie damals gar nicht wahrnehmen. Außerdem wäre es für ihn bei seinem augenblicklichen Gesundheitszustand sicher besser gewesen, zu Hause bei seinen Kindern zu bleiben.

Bevor sie ihr Hotel verließen und zur Festhalle fuhren, wo das Treffen stattfinden sollte, zog sich Larry noch einmal zurück und betete. »Himmlischer Vater, du hast es mir ermöglicht, hierher zu kommen. Bitte, lass mich diese Leute aus meiner High-School-Zeit heute mit anderen Augen sehen. Gib mir einen neuen Blick.«

Eine halbe Stunde später betraten sie den Festsaal. Erst jetzt stellte Larry fest, wie viele Menschen ihn erwarteten. Robert Wills erblickte ihn zuerst und sagte es einigen weiter. Die Nachricht über seine Ankunft verbreitete sich wie ein Lauffeuer. Die Leute lächelten ihm zu, standen auf und applaudierten.

Larry bekam eine Gänsehaut. Es fuhr ihm kalt über den Rücken. Er blieb stehen und starrte in die Menge. Seine Frau neben ihm drückte ihm die Hand und drängte sich dicht an ihn. »Hattest du gesagt, dass du nicht beliebt gewesen seist?«

Larry verschlug es die Sprache. Er konnte nichts sagen.

In weniger als einer Minute waren alle auf den Beinen. Der Applaus füllte den ganzen Saal.

»Larry! Larry! Larry!«

Sie riefen seinen Namen im Chor, wie sie es in der Schule bei den Sportbesten getan hatten. Robert trat zu ihm und reichte ihm das Mikrofon. »Sprich zu ihnen, Larry. Die meisten sind nur wegen dir gekommen.«

»Was soll das bedeuten?«, fragte Larry und schaute verwirrt erst Robert, dann seine Klassenkameraden an.

»Sie wären sonst nicht hier«, lachte Robert. »Jeder Einzelne hat für dich gebetet, Larry. Sie sind gekommen, um dich zu sehen und dir zu danken. Weil du vorgelebt hast, was es bedeutet, an Gott zu glauben.«

Es war ein wunderbarer Abend mit vielen guten Gesprächen. Ganz sicher würde er diesen Tag nie mehr vergessen! Die Menschen, die ihn in der High School nicht beachtet hatten, teilten nun mit ihm seinen Glauben. Das war ein Wunder, das allein Gott gewirkt hatte. Am meisten staunte Larry über die Menschen, die ihn zur Seite nahmen und sich bei ihm entschuldigten.

»In der High School habe ich dich einfach nicht verstanden. Aber heute verstehe ich dich«, sagte einer zu ihm. »Der Glaube ist das, was mich heute trägt. Es ist ein Privileg, dass ich in den letzten Wochen für dich beten durfte.«

Auf dem Heimweg sprachen Larry und seine Frau über alles, was geschehen war.

»Es ist ein Wunder.« Seine Frau schüttelte fassungslos den Kopf. In ihren Augen glänzten Tränen. »Die Ärzte haben es nicht für möglich gehalten, dass du hier dabei sein könntest. Aber nun schau dir das an!«

Larry lächelte und hielt das Lenkrad des Wagens fester. »Es wäre auch unverständlich gewesen, wenn ich bei dem Treffen nicht hätte dabei sein können.«

»Meinst du?«

»Ja, das meine ich. Vor dreiundzwanzig Jahren betete mein Vater darum, dass ich mehr Freunde als alle anderen in meiner Klasse haben sollte. Ich dachte damals, er sei ein bisschen verrückt.« Jetzt schüttelte auch Larry fassungslos den Kopf und sagte mit bewegter Stimme: »Aber nun schau dir das an!«

Anmerkung: Zwei Jahre später starb Larry. Einer seiner letzten Sätze zu seiner Frau war: »Ich liebe dich, mein Schatz. Aber vergiss es nicht: Noch in dieser Woche werde ich meinen Vater wiedersehen.« Bei seiner Beerdigung gab es keine Sitzplätze. Seine Familie, Freunde der Kirchengemeinde, seine Medizinerkollegen und Nachbarn sowie mehr als hundert seiner High-School-Kameraden gaben ihm das letzte Geleit.

Ein Wunder kommt selten allein

Zwischen all den bunten Farbflecken im Lebensteppich von Tracy Black gab es eine Stelle, die tiefschwarz war. Es war die zerbrochene Freundschaft mit Anna Ritter.

Obwohl der Bruch zwischen ihr und Anna schon fünf Jahre zurücklag, ließen Tracy die Gedanken an ihre Freundin nicht gleichgültig. Auch an diesem Sommernachmittag war das nicht anders. Während Tracy im Garten arbeitete, waren ihre Gedanken bei Anna. Was sie jetzt wohl machte? Wie es ihrer Familie ging? Wie sie ihren Glauben lebte? Immer wieder fragte sich Tracy, warum Anna niemals mehr angerufen hatte. Wie hatten sie es übers Herz bringen können, eine so innige Freundschaft zu vernachlässigen und schließlich ganz sterben zu lassen?

Tracy seufzte aus tiefstem Herzen. Die Gedanken, die sie sich um Anna machte, ließen sie nicht wirklich los. Anna war offensichtlich mit ihrer Freundschaft fertig. Es wurde Zeit, dass Tracy sich ebenso davon löste. Wieder pflückte sie eine Hand voll Strauchbohnen und rieb die trockene Erde ab. Bis auf die Sache mit Anna konnte Tracys Leben nicht besser sein. Sie war glücklich verheiratet mit Paul. Gemeinsam hatten sie drei Kinder und sie besaßen ein wunderschönes Haus mit einem großen Garten außerhalb von Akron, Ohio.

Tracy zupfte erneut eine Hand voll grüner Bohnen ab und ließ sie in ihren Korb fallen. Die Kinder planschten im Pool bei den Nachbarn. Paul arbeitete an der Spüle in der Küche. Die Stille des Gartens wurde nur hin und wieder vom Rascheln der Blätter und dem Summen einer Biene unterbrochen.

Ich genieße es hier draußen, lieber Gott. Alles, was ich erblicke, hast du geschaffen.

Ihr wurde ganz warm ums Herz und sie lächelte.

Noch ein paar Bohnen pflücken und ein paar von den größeren Kürbissen abmachen. Tracy hatte ihren Korb gerade halb voll mit Bohnen, als ein schneidender Schmerz durch ihren Magen fuhr und sie in die Knie zwang. Noch nie im Leben hatte Tracy einen so heftigen Schmerz verspürt! Sie war erst achtunddreißig, joggte regelmäßig, aß vernünftig und sorgte gut für sich. Der Schmerz war so stechend, dass ihr die Luft wegblieb.

»Lieber Gott ... hilf mir!« In der Ferne hörte sie Pauls Schritte. Sie vernahm die ängstliche Erregung in seiner Stimme, als er sie im Gemüsebeet liegen sah.

Tracy ahnte in diesem Moment, dass sich ihr Leben, wie es bisher war, drastisch verändern würde.

Paul half seiner Frau auf die Beine und brachte sie sofort ins Krankenhaus. Die Ärzte gaben ihr zunächst eine schmerzstillende Spritze. Die ersten Untersuchungen zeigten, dass sie einen Darmverschluss hatte. Innerhalb von einer Stunde lag sie in der Unfallchirurgie und wurde operiert.

Als sie erwachte, war die ganze Familie in ihrem Krankenzimmer versammelt. Ihr jüngster Sohn war zehn Jahre alt. Skyler trat an ihr Bett und streichelte ihre Hand. »Ich hatte solche Angst, dass du sterben würdest, Mama.« Skyler rieb sich mit dem Handrücken über die Wange. Der Junge war ein Draufgänger, einer, der nie und über nichts weinte. Aber nun sah man ihm die Angst an.

»Mein liebes Kind.« Die Schluckbeschwerden hinderten Tracy daran, viel zu sagen. »Alles wird wieder gut. In ein paar Tagen bin ich wieder zu Hause. Okay?«

Skyler nickte. Seine Augen waren immer noch geweitet und die Pupillen ganz dunkel.

»Bitte stirb nicht, Mama. Ich brauch dich.«

Paul trat hinzu und legte seinen Arm um Skyler und Tracy. Auf der anderen Seite des Bettes standen die beiden Töchter, ruhig und ernst. »Mama geht es schon besser. In ein paar Tagen ist sie wieder zu Hause, Kinder. Alles wird wieder gut.«

»Versprochen?«, fragte Skyler. In seinem Blick lag immer noch Zweifel.

Tracy lächelte trotz der Tränen in den Augen.

»Versprochen.«

Aber am nächsten Morgen wurde die Diagnose gestellt: Sie war schlimmer als gedacht. Der Darmverschluss war von einem Tumor im Unterleib verursacht worden. Er hatte die Größe einer Grapefruit.

»Wir machen uns Sorgen.« Tracys Arzt biss sich auf die Lippen und presste ihre Akte gegen seine Brust. »Die ersten Tests sehen nicht gut aus.«

Tracy starrte den Mann neben ihrem Bett an und umklammerte Pauls Hand. Was hatte der Arzt gesagt?

Paul fand als erster die Sprache wieder und fragte: »Glauben Sie, dass … dass dieser Tumor bösartig sein könnte?«

Tracys Arzt nickte. »Es kann sein. Morgen wissen wir mehr.« Er bewegte heftig seine Backenknochen. »Ich möchte, dass Sie darauf vorbereitet sind. Wenn wir Krebs feststellen sollten, wird eine größere Operation notwenig werden und eine Chemotherapie folgen.«

Während der ganzen Zeit, in der der Arzt sprach, ging Tracy nur ein Gedanke durch den Kopf – ihr Versprechen, das sie Skyler gegeben hatte. Es durfte nicht wahr sein! Sie konnte keinen Krebs haben und weiteren Operationen und dem Tod ins Auge blicken, wenn sie erst gestern ihrem jüngsten Kind versprochen hatte, dass alles wieder in Ordnung kommen würde. Dass sie *nicht* sterben würde!

Nachdem der Arzt gegangen war, hielten Tracy und Paul sich bei den Händen und beteten. Sie baten Gott um einen Ausweg aus dieser Situation. Sie flehten ihn um ein Wunder an. Als sie ihr Gebet beendet hatten, kamen sie überein, den Kindern erst etwas zu sagen, wenn die Diagnose endgültig feststand.

»Schlaf ein wenig!«, bat ihr Mann, als er sich verabschiedete. Er musste sich um die Kinder kümmern. »Wir wollen fest darauf vertrauen, dass Gott etwas mit uns vorhat.«

Tracy nickte und tat alles, um ihr rasendes Herz zu besänftigen. »Angst kommt nicht von Gott«, meinte Paul. Da hatte er Recht. Tracy war erschöpft. Mit Schlafen konnte sie die Zeit überbrücken, bis sie sicher wusste, was ihr die Zukunft bringen würde.

Sie schlief ein, während sie betete. Fast zur selben Zeit begann sie zu träumen.

Im Traum weinte sie und schrie zu Gott. Sie flehte ihn an, ihr einen Ausweg aus der Tragödie zu zeigen, die über sie und ihre Familie hereinzubrechen schien. Plötzlich hörte sie eine klare, feste Stimme. Sie wusste: Das ist Gott.

Lass Anna kommen und beten.

Während sie weiterschlief, blieb dieser Gedanke Tracy erhalten und sie konnte ihn nicht abschütteln. *Lass Anna kommen und beten.*

Tracy erwachte. Die Aufforderung war noch genauso stark wie im Traum. Auch wenn sie jetzt hellwach war. Ihre Gedanken waren glasklar. Sie konnte sich absolut keinen Reim auf diese Anweisung machen. *Lass Anna kommen und beten*? Tracy stöhnte auf. Die Idee war absurd. Sie und Anna hatten seit fünf Jahren nicht mehr miteinander geredet!

Während sie den Gedanken in ihrem Kopf hin und her schob, schweifte sie zurück in die Vergangenheit. Sie erinnerte sich an den Zeitpunkt vor vielen Jahren, als sie und Anna Ritter Freundinnen geworden waren.

* * *

Sie hatten im Geschichtsunterricht nebeneinander gesessen, als ein Junge in der letzten Reihe versuchte, Tracys Aufmerksamkeit auf sich zu lenken.

»Nein, nicht jetzt!«, zischte Tracy ihm leise zu.

Aber das war laut genug für den Lehrer. Der ging aufmerksam durch die Reihen. Sein Blick blieb bei Tracy hängen. Da schnellte Annas Arm in die Luft. »Es tut mir Leid. Ich habe mein Blatt fallen lassen. Können Sie den letzten Satz wiederholen?«

Die Ablenkung hatte gewirkt und Tracy kam nicht, wie befürchtet, in Schwierigkeiten. Nach dem Unterricht bedankte sie sich bei Anna und die beiden Mädels kicherten und schnatterten einige Minuten zusammen. Am nächsten Tag lächelten sie sich viel sagend an. Eine Freundschaft war geboren.

Von dem Tag an waren Tracy und Anna unzertrennliche Freundinnen. Sie besuchten gemeinsam die High School und erzählten sich alles. Sie sprachen über ihre Verabredungen und Tanzpartys und ihre Schwierigkeiten. Dann kam der Schulabschluss. Einige Jahre lang wurden sie getrennt, weil Anna auf die Universität ging. Doch danach heirateten beide und wohnten nur wenige Kilometer voneinander entfernt außerhalb von Akron. Sie luden sich gegenseitig zur Hochzeit ein und zu den Taufen ihrer Kinder. Bevor ihre Kinder zur Schule kamen, besuchten sie gemeinsam die örtliche Volkshochschule, unternahmen Picknick-Ausflüge in die umliegenden Parks und fuhren gemeinsam zur Bücherei. Die Zeit flog dahin und Tracy und Anna tauschten sich über Erfolge und Misserfolge ihrer heranwachsenden Schulkinder aus.

Es war eine Freundschaft, von der beide Frauen glaubten, dass sie ein Leben lang halten würde.

An einem Nachmittag im Frühling kam Anna auf einen kleinen Plausch zu Tracy. Ihre »Familienkutsche« hatte den Geist aufgegeben und sie brauchten dringend ein neues Fahrzeug. Annas Mann sah jedoch keine Möglichkeit, sich Geld von der Bank zu leihen.

Tracys Mann hatte es inzwischen zu einem ansehnlichen Jahreseinkommen gebracht. Sie waren nicht kleinlich mit dem Geld, das Gott ihnen anvertraut hatte und waren bereit, jedem zu helfen, der in Schwierigkeiten geriet. Da ihre Freundin offensichtlich in Nöten war, prüfte sie die Sache mit ihrem Mann und versprach zu helfen.

»Ich mag mir eigentlich nichts von euch borgen«, sagte Anna zu Tracy. »Aber im kommenden Monat erwarten wir einige größere Einnahmen. Danach können wir Euch das Geld sofort zurückzahlen.«

Tracy lächelte. Sie ergriff die Hand der Freundin. »Darum mache ich mir keine Sorgen, Anna. Zahlt das Geld zurück, sobald ihr könnt.«

Es handelte sich um einen Betrag von fünftausend Dollar. Anna und ihr Mann Ken kauften davon einen gebrauchten Wagen, damit Ken eine neue, besser bezahlte Stelle in der Stadt aufnehmen konnte.

Nach etwa fünf Monaten machte Tracy ihrem Mann den Vorschlag, Anna und Ken zum Essen einzuladen. Bei dieser Gelegenheit, so beschlossen sie, könnten sie mit Anna und Ken in Ruhe über die Rückzahlung des geliehenen Geldes sprechen.

Es war Oktober und bereits etwas frostig, als Anna und Ken abends zum Essen eintrafen. Lachend begrüßten sie einander. »Um nichts in der Welt hätte ich mir Tracys Lasagne entgehen lassen wollen«, freute sich Ken und schlug Paul lachend auf die Schulter.

Sie blieben beim Smalltalk, während Tracy über die Situation nachdachte. *Die denken überhaupt nicht daran, mit uns über das geliehene Geld zu sprechen*, überlegte sie.

Nach dem Essen wurde das Geschirr abgeräumt. Tracy kochte Kaffee und die vier setzten sich gemütlich ins Wohnzimmer. Das war der geeignete Augenblick! Tracy betete im Stillen: *Lieber Gott, bitte lass uns einen guten Übergang finden, damit die Sache ohne Spannung und ungute Gefühle besprochen werden kann.*

»Hört mal ...«, fing Paul an. Er machte es sich in seinem Sessel bequem und entspannte sich. »Wir haben euch fünftausend Dollar geliehen.« Er zögerte und schaute Tracy an. »Tracy und ich haben uns gedacht, dass es an der Zeit ist, gemeinsam einen angemessenen Rückzahlungsplan aufzustellen.«

Anna und Ken tauschten erstaunte Blicke aus. Anna räusperte sich. Sie schaute Tracy nicht an, sondern richtete ihren Blick nur auf ihren Mann. »Sag mal, wovon sprichst du eigentlich?« meinte Ken.

Was dann geschah, ging Tracy immer wieder durch den Kopf. Das Gespräch verlief sehr befremdend und angespannt. Anna vermied es, Tracy auch nur ein einziges Mal anzuschauen. Ken wollte angeblich nichts von dem Geld wissen. Plötzlich keifte er Paul an: »Schon gut, ich werde dir das Geld bezahlen, aber damit ist unsere Freundschaft ein für alle Mal erledigt.«

Nachdem das Paar gegangen war, stand Tracy wie zur Salzsäule erstarrt und blickte auf die ins Schloss gefallene Haustür. »Was ist da gerade passiert?«

Paul stellte sich neben sie und meinte ratlos: »Ich habe keine Ahnung.«

Sie gingen die Unterhaltung noch einmal gemeinsam durch, sprachen über alle Einzelheiten, die das geborgte Geld betrafen. Sie versuchten, Kens Einstellung zu begreifen, die er zu dem geborgten Geld zu haben schien und bemühten sich, die seltsamen, heimlichtuerischen Blicke von Anna zu deuten. Schließlich einigten sie sich darauf: »Es muss irgendein Missverständnis geben!«

Vor dem Einschlafen beteten sie noch einmal, dass Gott Anna und Ken helfen möge, in der Sache klarer zu sehen. »Und, lieber Gott, bitte lass unsere Freundschaft dadurch keinen Schaden nehmen. Amen.«

Als Paul und Tracy nach zwei Wochen immer noch kein Wort von den beiden gehört hatten, rief Paul Ken an und sprach mit ihm über die Situation. Er willigte ein, das Geld zurückzuzahlen. Am kommenden Freitag wollte er mit zweihundert Dollar beginnen.

Tracy war nicht überrascht, als der Freitag kam und verging, ohne dass die kleine Rate bezahlt wurde. Von Anna und Ken kam kein Kommentar dazu. Wieder vergingen zwei weitere Wochen und schließlich beschlossen Tracy und Paul, das geborgte Geld zu vergessen und es Anna und Ken zu schenken. Sie benötigten dieses Geld nicht unbedingt. Wenn das Geschenk einen Bruch zwischen den Familien verhindern konnte, so war es ihnen die Sache wert.

Tracy rief Anna an. Sie wollte ihr ihren Entschluss mitteilen.

»Schau, Anna«, sagte Tracy und merkte, wie ihre Augen feucht wurden und die Stimme zu zittern begann. »Wir haben uns immer so gut verstanden. Wir möchten nicht, dass das Geld unsere Freundschaft ruiniert.« Sie machte eine kleine Pause. »Paul und ich haben beschlossen, euch das Geld zu schenken.«

»Was soll das bedeuten?« Annas Stimme war kalt und distanziert.

»Das bedeutet, dass Ihr uns kein Geld mehr schuldet.«

Für einen kurzen Moment sagte keiner von ihnen ein Wort. Endlich gab Anna ein knappes Danke von sich und damit war das Gespräch beendet.

Aus Wochen wurden Monate. Gelegentlich rief Tracy bei Anna an und lud sie zum Lunch oder zum Kaffee ein. Aber Anna hatte immer eine Entschuldigung. Etwa ein Jahr, nachdem Tracy und Paul ihnen das Geld gegeben hatten, rief Anna Tracy an und bestätigte die derzeitige Situation mit den folgenden Worten, die Tracy tief ins Herz schnitten: »Es hat keinen Zweck mehr mit uns, Tracy. Ken fühlt sich unwohl, wenn du und ich miteinander reden.« Sie schien ganz ruhig zu sein und es war nicht herauszuhören, ob sie weinte oder nicht. »Es ist an der Zeit, dass jeder seiner Wege geht.«

Nach diesem Telefongespräch stand Tracy stundenlang

unter Schock. Sie war erschüttert und wütend und traurig zugleich. Sie erinnerte sich an die Zeiten, in denen sie und Anna sich näher waren als Schwestern. Nun war alles vorbei – und das aus Gründen, die überhaupt keinen Sinn machten!

Das war nun genau fünf Jahre her.

* * *

Die Bilder verblassten und Tracy schaute sich in ihrem Krankenzimmer um. Sie hatte in den vergangenen Jahren nicht ein einziges Mal etwas von Anna gehört. Obwohl der Schmerz, sie als Freundin verloren zu haben, nie ganz verschwunden war, konnte sie an dem Verlust nichts ändern.

Warum fühlte sie sich also gerade jetzt, in ihrer allerschwersten Stunde, gedrängt, Anna anzurufen?

Sie schloss die Augen und betete. *Vater, bestimmt bist du es nicht, der mich drängt, sie anzurufen, stimmt's? Anna will nichts mehr mit mir zu tun haben.*

– Doch, mein Kind. Ruf an! Anna soll für dich beten.

Der Gedanke hallte in ihr nach, und zwar deutlicher, als wenn jemand diese Worte laut im Zimmer ausgesprochen hätte. Tracy bekam eine Gänsehaut an Armen und Beinen. Anna soll für mich beten? Der Gedanke schien zwar völlig absurd, aber Tracy hatte sich angewöhnt, solche Gedanken zu beherzigen. Besonders wenn sie, nachdem sie gebetet hatte, anhielten.

Ohne weiter darüber nachzudenken, griff sie zum Telefon und wählte eine Nummer, die sie noch im Gedächtnis hatte. Sekunden später erklang Annas Stimme am anderen Ende der Leitung.

»Hallo?«

Der Klang dieser Stimme weckte tausend Erinnerungen.

»Anna? Hier spricht ...« Tracy wollte ihren Satz beenden, aber sie schaffte es nicht. Tränen erstickten ihre Stimme und sie presste den Hörer gegen die Schulter, während sie um Fassung rang. Als sie endlich sprechen konnte, hob sie den Hörer und sagte: »Hier ist Tracy. Ich bin im Krankenhaus und ich bin sehr krank und … und ich glaube, Gott will, dass ich dich bitte, zu kommen und für mich zu beten.«

Zunächst sagte Anna nichts. Dann antwortete sie mit einer Stimme, die ihre Empfindungen verriet. »Ich bin gleich bei dir.«

Eine Stunde später betrat Anna das Krankenzimmer. In einem einzigen Augenblick waren das lange Schweigen und die Differenzen wie weggeblasen. Anna eilte zu Tracy, setzte sich auf die Bettkante und die Freundinnen umarmten sich, wie sie es lange nicht getan hatten.

»Es tut mir so Leid, Tracy. Ich wusste einfach nicht, was ich machen sollte.« Anna weinte und ließ ihre Tränen auf Tracys Krankenhaushemd tropfen. »Ken und ich …« Ihre Stimme versagte. »Ken … Er hat mich vor einem Jahr verlassen.«

Das war ein weiterer Schock an jenem Nachmittag. Anna und Ken waren immer zur Kirche gegangen. Es waren Menschen, die, so schien es, durch ihren Glauben zusammengehalten wurden. Die Nachricht über den Zerbruch der Ehe gab Tracy eine Erklärung für das Sterben ihrer Freundschaft. Sie redeten darüber, was in dieser schrecklichen Zeit vor fünf Jahren passiert war. Nach einer Stunde war die Luft zwischen ihnen wieder rein.

»Du möchtest, dass ich für dich bete?« Anna ging zu dem Stuhl neben Tracys Bett. »Was ist passiert, Tracy? Wie krank bist du denn?«

Tracys Herz verkrampfte sich, als sie an die Mitteilung über ihren Gesundheitszustand dachte, die sie heute früh erhalten hatte. »Man glaubt, dass ich Krebs habe.« Sie legte ihre Hand auf ihren Unterleib. »Ich habe hier einen Tumor in der Größe einer Grapefruit. Morgen soll ich mehr erfahren.« Ein trauriges Lächeln hob ihre Mundwinkel. »Ich hatte einen Traum und Gott hat mir gesagt, dass ich dich anrufen soll. Er will, dass du betest.«

Anna nickte und legte ihre Hand auf die Stelle, wo Tracys Tumor saß. »Gott, meine beste Freundin braucht ein Wunder. Bitte entferne den Tumor aus ihrem Körper und mache sie wieder gesund.« Annas Stimme brach. »Du siehst, Herr, ich bin seit fünf Jahren krank. Ich leide an dem Verlust von Tracy. Aber jetzt … jetzt bin ich geheilt. Darum, bitte … mach auch Tracy gesund.«

Nach dem Gebet redeten sie noch eine Stunde miteinander. Anna verließ das Krankenzimmer mit dem Versprechen, am nächsten Tag wieder anzurufen. »Ich lass dich nicht wieder allein«, sagte Anna, als sie auf die Tür von Tracys Krankenzimmer zuschritt. »Ich glaube ganz fest, dass die Ärzte morgen feststellen werden, dass ein Wunder geschehen ist.«

Am nächsten Tag kam Paul sehr früh. Er war ganz erstaunt über den Besuch von Anna und über ihre Gebetszeit und wie die Freundinnen sich versöhnt hatten. Als der Arzt ins Zimmer trat, wusste Tracy sofort, dass er keine guten Nachrichten für sie hatte.

»Das sieht nach einem aggressiven Krebstyp aus.« Er biss seine Zähne zusammen und bewegte die Backenknochen. »Wir müssen heute noch einige Untersuchungen vornehmen, um die Grenzen des Tumors abzustecken und um festzustellen, wie schnell er wächst.«

Seine Worte trafen Tracy stärker, als sie es sich vorgestellt hatte. Die ganze Nacht hatten Annas teilnehmende Worte in ihr nachgeklungen, dass Gott ein Wunder wirken und sie heilen möge. Und jetzt dieses Todesurteil! Das hieße, sie würde ihr Versprechen Skyler gegenüber nicht einhalten können.

Am Morgen wurden Untersuchungen vorgenommen und zwei Stunden später war der Arzt wieder in ihrem Zimmer. Er betrat den Raum mit einem seltsamen Blick und legte eine Akte mit Notizen auf Tracys Bett.

»Wie ist das Ergebnis?«, fragte Paul und drückte Tracys Hand. Sein Gesicht war aschfahl, während er auf die Neuigkeiten wartete.

»Einen Augenblick, bitte.« Der Arzt zog die Bettdecke

über Tracys Bauch zur Seite und befühlte vorsichtig ihren Leib. Die Untersuchung schien nicht enden zu wollen, bis der Arzt sich endlich aufrichtete und erst Tracy, dann Paul erstaunt ansah. »Er ist weg!«

Seine Worte griffen nicht sofort.

»Was soll das heißen?« Pauls Frage verhallte in der angespannten Stille.

Der Arzt schaute Tracy an. »Das heißt, die Untersuchungen ergeben absolut keine Anzeichen für einen bösartigen Tumor.« Er zeigte auf Tracys Leib. »Ich habe soeben genau dort gefühlt, wo der Tumor gestern noch saß. Aber heute fühle ich gar nichts mehr.« Seine Augenbrauen zogen sich zusammen und gingen wieder auseinander. Die Verwirrung stand ihm im Gesicht geschrieben. »Er ist komplett verschwunden!«

Eine Schwindel erregendes Gefühl durchfuhr Tracy. Sie setzte sich in ihrem Bett auf und schaute Paul an: »Anna hat dafür gebetet, dass genau das passieren sollte! Gott hat mir gesagt, dass ich sie hierher rufen soll, damit sie kommt um für mich zu beten.«

Der Arzt trat einen Schritt zur Seite und zuckte die Schultern. »Ich will morgen noch einige Untersuchungen vornehmen, bevor Sie nach Hause können.« Er schüttelte den Kopf. »Tumore in dieser Größe verschwinden nicht einfach so ohne weiteres.«

»Sie verschwinden, wenn Gott es will.« Tracys Herz begann in ihr zu hüpfen. Gott hatte ein Wunder an ihr getan!

Am nächsten Tag veränderten die Untersuchungen nichts an dem Ergebnis. Der Tumor war nach wie vor verschwunden. Die Tests bestätigten den Befund und am Nachmittag konnte Tracy nach Hause gehen. Die Freude ihrer Kinder galt nicht nur ihr, sondern auch Anna. Als die beiden Freundinnen einen Augenblick für sich allein hatten, dankte Tracy Anna, dass sie den Glauben aufgebracht hatte, für ein Wunder zu beten.

»Nun sind wir beide geheilt«, sagte Anna. »Du von deinem Tumor und ich von meiner Schuld und Scham.« Annas

Augen glänzten. »Gott hat nicht nur ein Wunder an uns getan. Es sind zwei Wunder. Das eine davon ist, dass du jetzt *hier* bist …«

Tracy umarmte ihre Freundin stürmisch und schaute sie an. »Und das zweite, dass *du* jetzt hier bist.«

»Schnall dich an!«

Andy Conner nahm sich einen Apfel aus der Obstschale und eilte damit zur Haustür. Im gleichen Moment schritt seine Mutter die Treppe herunter. Andy und sein bester Freund Jared gehörten zur Feuerwehr von Birmingham, Alabama, und hatten an jenem Abend einen vierstündigen Übungseinsatz. Jared wartete vor dem Haus. Es blieben den Freunden nur zwanzig Minuten Zeit für die Fahrt zur Feuerwehrstation.

»Schon wieder Übungsabend?«, fragte seine Mutter und blieb auf halber Treppe stehen. Sie lächelte ihn an.

»Ja.« Andy machte ein paar Schritte auf sie zu und gab ihr einen flüchtigen Kuss auf die Wange. »Bin gegen Mitternacht wieder da.«

»Pass gut auf dich auf!« Ihre Augen trafen sich und er hielt einen Augenblick ihrem Blick stand. So etwas sagte sie häufiger, besonders seit Andys Vater vor einem Jahr an einem Herzinfarkt gestorben war. Nun waren sie allein und seine Mutter war in keiner Weise begeistert, dass er sich für die Feuerwehr entschieden hatte.

»Ich pass immer auf mich auf.« Er grinste sie an und ging auf die Haustür zu. »Das ist meine Sache, Mama. Alles klar?«

Sie schaute auf den Teppich und murmelte: »Ich meine ja nur wegen Jared.«

Andy blieb stehen. »Was soll das heißen?« Von draußen ertönte eine Autohupe und Andy wusste, dass sie zu spät kommen würden, wenn er sich nicht beeilte. Aber er wollte eine Erklärung für die Worte seiner Mutter haben. Sein Ton wurde bestimmt und scharf. »Ich bin nicht bei der Feuerwehr wegen Jared. Ich weiß selbst, was ich will.«

Seine Mutter hob den Kopf und schaute ihn wieder an. »Bitte, Andy, sei ehrlich. Seitdem du mit Jared zusammen bist, tust du alles, was er tut. Baseball spielen ... Ziel schießen ... angeln. Wenn Jared etwas tut, machst du es ihm nach.«

Andy war im Herbst neunzehn Jahre alt geworden. Die Worte seiner Mutter ärgerten ihn. »Ich weiß selbst, was ich will, Mutter. Wenn ich zufällig dasselbe mag wie Jared, heißt das nicht, dass ich nicht für mich selbst entscheiden kann.«

Wieder wurde draußen gehupt und Andy gab den Kampf auf. Er drehte sich um, schüttelte den Kopf und eilte zur Tür.

»Andy, geh bitte nicht so fort. Ich wollte doch nur ...«

Andy verließ das Haus und knallte die Tür hinter sich zu. Es wurde immer schwieriger, mit seiner Mutter auszukommen. Ja, sie war allein. Und weil er der Einzige war, der ihr geblieben war, machte sie sich Sorgen um ihn. Andy konnte das zwar verstehen. Aber wollte sie nicht begreifen, wie viel Freude ihm die Arbeit bei der Feuerwehr machte? Warum konnte sie sich nicht mit ihm freuen, anstatt ihm das Gefühl zu geben, dass seine ganze Existenz von Jared diktiert wurde?

Andy senkte den Blick, während er sich auf den Beifahrersitz in Jareds Auto setzte und die Tür neben sich zuschlug. Jared lenkte den Wagen aus der Ausfahrt heraus und gab Gas. Bis zur Feuerwehrstation waren es etwa dreiundzwanzig Kilometer. Der Weg dorthin führte über eine kurvenreiche, zweispurige Schnellstraße. Sie mussten sich beeilen, wenn sie nicht zu spät kommen wollten.

Nach einer Minute wandte sich Jared zu Andy und hob die Brauen: »Schlechten Tag gehabt?«

Andy streckte den Kopf nach hinten und fuhr sich mit den Fingern durchs Haar. »Meine Mutter macht mich fertig.«

»Wegen deines Vaters?« Jared hielt den Blick auf die Straße gerichtet, während er nach links abbog und auf die Schnellstraße wechselte.

»Jaaa. Immer dasselbe. Sie möchte mich am liebsten zu Hause in einen Glaskasten setzen.« Andy fuchtelte erregt mit den Händen durch die Luft. »Sie versucht alles, mich von der Feuerwehr wegzubringen.«

Es entstand ein kurze Pause. Andy blickte aus dem Seitenfenster und dachte über das nach, was seine Mutter gesagt hatte. Hatte sie mit ihren Ansichten Recht? Er sollte Jared bisher immer alles nachgemacht haben? Andy knirschte mit den Zähnen und rollte die Augen. Das stimmte überhaupt nicht! Aber wenn seine Mutter seine Freundschaft zu Jared aus diesem Blickwinkel sah, vielleicht dachten andere, die sie kannten, genauso.

Vielleicht sogar Jared.

Seit dem Tod seines Vaters hatte Andy mehr gebetet als früher. Das Gespräch mit Gott gab ihm das Gefühl, als habe er wieder einen Vater, mit dem er reden konnte. Und jetzt, auf dem Weg zur Feuerwehrstation, tat er genau das. *Vater im Himmel, hilf mir bitte, eigenständig zu sein. Bitte, Vater …*

Wenn er betete, spürte er gewöhnlich so etwas wie eine Bestätigung. Er hatte das Gefühl, dass Gott ihm direkt eine Antwort zusprach. Aber dieses Mal spürte er nur Ärger und Frust und gar nichts von Gott. Überhaupt keine Antwort.

* * *

Beth Conner blickte einen Augenblick erschrocken auf die Haustür. Was sollte das nun wieder bedeuten? Sie ging ins Wohnzimmer, ließ sich in den nächsten Sessel fallen und schaute zum Fenster hinaus. Sie drückte sich tief in den Sessel und verschränkte die Arme, während die Rücklichter von Jareds Auto auf der Straße verschwanden.

Warum musste er so sauer reagieren?

Nun würde er wieder die halbe Nacht unterwegs sein, vielleicht ein gefährliches Feuer löschen müssen und sie waren nicht einmal im Guten auseinander gegangen! Beth wollte nicht, dass ihr Sohn Feuerwehrmann wurde. Eine Freundin hatte ihren Mann beim Einsturz des World Trade Centers im Einsatz verloren. Seitdem wurden Beth die Gefahren dieses Berufs doppelt bewusst. *Es ist doch so, dass ein Feuerwehrmann immer auf die eine oder andere Weise durch eine Tragödie ums Leben kommt,* dachte Sie. Der bloße Gedanke an Andy in einem brennenden Haus lähmte sie vor Angst.

Warum in aller Welt hatte sich Andy einen so gefährlichen Job ausgesucht?

Die Antwort war für sie klar: Jared. Andy hatte vorher nie vom Feuerlöschen gesprochen, bis Jared sich dafür interessierte. Andy konnte ihr erzählen, was er wollte. Für sie war sonnenklar, dass Andy sich von Jared bestimmen ließ. Andy war ein Jahr jünger als sein Freund, und seitdem die Jungen sich in der Oberschule begegnet waren, war Andy Jareds Schatten geworden.

Das war nicht immer nur schlecht, aber es war auch nicht immer gut.

Ihr Blick schweifte in die Ferne und sie dachte an die letzten Jahre zurück. Sie dachte an die Zeit, als die Jungen zehn und elf waren und sie Steinchen gegen das Schlafzimmerfenster des Mädchens auf der Straße gegenüber geworfen hatten. War das nicht Jareds Idee gewesen? Und als die Scheibe klirrte, war Jared der erste, der davonlief. Natürlich waren beide bestraft worden. Schon damals begann Beth zu zweifeln, ob der Einfluss von Jared so gut für ihren Andy war.

Später hatten die Kerle wieder etwas Dummes angestellt.

Als sie dreizehn und vierzehn waren, hatte Jared nach den Autoschlüsseln vom Kleintransporter seines Vaters gegriffen und Andy zu einer Spritztour auf die Wiese eines

Farmers mitgenommen. Beth erinnerte sich noch gut, wie sie mit Andy über diesen Vorfall geredet hatte.

»Warum, Andy? Warum bist du in dieses Auto gestiegen?«

»Mama …« Andy hatte verständnislos die Schultern hochgezogen und sie fassungslos angeschaut. »Ich konnte Jared doch nicht allein fahren lassen.«

Meistens hatte Beth Jareds Rolle in Andys Leben nur toleriert. Sie schloss die Augen. *Hätte ich doch nur ihre Freundschaft frühzeitig unterbunden, dann würde Andy heute nicht ein so gefährliches Amt ausüben …*

Sie blinzelte und die Bilder aus der Vergangenheit verschwanden. Der Grund, warum die Jungen dicke Freunde geblieben waren, war Joe. Ihr Mann hatte seine helle Freude an den Lausbuben gehabt und seine Haltung gegenüber Jared war immer sehr positiv gewesen. Doch nun war ihr Mann gestorben.

»Es sind doch Kinder, Beth«, hatte Joe immer zu ihr gesagt. »Natürlich stellen sie auch manchen Unsinn an. Aber Jared ist ein guter Junge. Ich denke, im Großen und Ganzen tut Jared Andy nur gut.«

Beth wollte Joe gern glauben, selbst jetzt. Die Feuerwehr war keine schlechte Sache. Aber sie bot manche Gefahren und der Gedanke, dass Andy erst nach Jared zur Feuerwehr gegangen war, überzeugte sie umso mehr, dass der Ältere ihren Andy an Dinge heranführte, die sie nicht gut für ihn hielt.

Wieder schaute sie aus dem Fenster und atmete tief durch. Was war das für ein Gefühl, das sie bedrängte? Einen Augenblick lang achtete sie auf ihre Gefühle: Sie war frustriert und argwöhnisch und, ja, sie regte sich so leicht auf. Dann fiel ihr Blick auf die Bibel, die auf dem Tisch lag.

Mein Gott, warum kann ich Andy nicht loslassen? Und wie kommt es, dass ich Jared nicht mag? Meine Unruhe stellt sich immer mehr zwischen Andy und mich. Mein Gott, ich brauche deine Hilfe. Sie spürte, wie ihr Tränen in die Augen schossen. *Wenn sich bei mir nichts ändert, wird Andy mich nicht mehr mögen.*

Sie wartete lange Zeit. Ganz allmählich, Stück für Stück, gewann ein Gedanke in ihrem Herzen Raum. Sie musste ihre Denkweise in zwei Richtungen aufgeben. Erstens musste Sie Andy Gott überlassen.

»Ich kann ihn nicht beschützen, lieber Gott«, flüsterte sie. »Darum sorge du für ihn. Dann brauche ich mir keine Sorgen zu machen.«

Zweitens musste sie glauben lernen, dass ihr verstorbener Mann Recht gehabt hatte. Jared war loyal zu Andy. Und die Zwei hatten bestimmt genauso viel Gutes getan wie sie auch Unsinn angestellt hatten. Beth presste die Lippen aufeinander und schaute durch das Fenster in den dunklen Himmel. *In Ordnung, Gott. Ich bin einverstanden.* Mit kaum hörbarer Stimme brachte sie dann die beiden jungen Männer vor Gott: »Hilf mir, Jared lieb zu gewinnen. Hilf mir, seine Freundschaft zu Andy zu schätzen. Und hilf mir, sie als eine gute Sache für meinen Sohn zu sehen.«

* * *

Die jungen Männer waren auf halber Strecke zur Feuerwehrstation, als Jared sich an Andy wandte und lachte. »Du musst ganz schön sauer auf sie sein.«

»Ja, ist so.« Andy lehnte sich gegen die Beifahrertür und schaute zu seinem Freund. »Sie hat einige unmögliche Behauptungen aufgestellt.«

»Willst du darüber sprechen?«

»Nein.« Andy blinzelte auf die Straße, die vor ihnen lag. Nie würde er Jared wissen lassen, was seine Mutter für ihn empfand. Es war doch lachhaft, dass sie glaubte, Jared sei kein guter Umgang für ihren Sohn! Andy versuchte zu lächeln. »Keine große Sache. Immer dieselbe alte Leier. Du weißt schon. Zu beschützend. Sie will mich nicht loslassen. In dieser Richtung.«

Jared nickte. Dabei schaute er zu Andy und runzelte die

Stirn. »Hey, Mensch, schnall dich an. Kennst du nicht die Regeln?«

Andy fiel es wieder ein. Innerlich zitierte er die Regel ihrer Feuerwehrstation: *Feuerwehrleute wissen Bescheid. Sie schnallen sich an jederzeit.* Das war eine gute Regel. Nicht, dass es wirklich auf sie ankam. Ein Unfall war schließlich die Ausnahme, oder? Er fing einen Blick von Jared auf und sah, dass sein Freund ihn immer noch beobachtete.

»Komm, schnall dich endlich an!« Jared deutete mit seinem Kinn auf Andy.

Andy wollte gerade zum Sicherheitsgurt greifen, als ihm ein Gedanke durch den Kopf ging. Das war es doch, was seine Mutter ihm vorgeworfen hatte, oder etwa nicht? Sollte er immer tun, was Jared ihm vorschlug? Früher hatte er nie etwas für Anschnallgurte übrig gehabt. Und wer von den Jungs bei der Feuerwehr kehrte sich schon darum! Die Hälfte von ihnen schnallte sich wahrscheinlich sowieso nie an.

Aber hier saß er nun und war bereit, es einfach zu tun, weil Jared es ihm sagte!

Er ließ seine Hand aufs Knie zurückfallen und lehnte sich erneut gegen die Beifahrertür. »Ich mag keine Anschnallgurte.«

Zunächst sagte Jared nichts mehr, um seinen Freund nicht zu provozieren. Doch dann sagte er etwas, was er ihm noch nie gesagt hatte. »Soll ich dir mal etwas verraten, Andy? Ich bin immer sehr froh gewesen, dass du mein Freund bist.«

»Das hat dich froh gemacht?« Dieses Eingeständnis brachte Andy aus der Fassung. Er beugte sich vor. »Was soll das heißen?«

»Es hat mich einfach froh gemacht. Bei mir zu Hause war es nicht immer gerade schön, seitdem meine Mutter sich von meinem Vater scheiden ließ und sich ständig mit anderen Männern traf. Aber immer ...« Er blinzelte wieder zu Andy hinüber. »Immer warst du für mich da.« Er blickte auf Andys Gurt. »Also, schnall dich an, okay? Ich brauch dich noch.«

Irgendetwas in Jareds Stimme war anders, dringlicher als sonst. Vor ihrer Zeit bei der Feuerwehr hatte keiner von ihnen sich angeschnallt und nie zuvor war Jared so bestimmend gewesen. Noch einmal dachte Andy an den Moment, als er Gott gebeten hatte, unabhängiger zu werden. Aber vielleicht war dies hier ja etwas anderes. Er dachte noch einmal darüber nach und gab dann auf. Es würde ihn wahrscheinlich nicht zu einem willenlosen Schatten machen, wenn er sich anschnallte. Außerdem, wie oft hatte Jared überhaupt direkt etwas von ihm verlangt?

»Also gut.« Andy stieß einen erleichterten Seufzer aus und schenkte Jared ein müdes Grinsen. Er streckte seine Hand aus, griff nach dem Gurt und schnallte sich an.

Im selben Augenblick hörte er Jared schreien: »Pass auf!«

Andy hatte es überhaupt nicht kommen sehen. Wie ein Blitz war etwas Metallisches gegen die Windschutzscheibe geschlagen. Plötzlich wurde ihm schwindelig. Er hörte Reifen quietschen, Glas splittern und Metall scheppern. Erst als die ohrenbetäubenden Geräusche und die kreisende Bewegung endlich aufhörten, begriff Andy, was geschehen war.

Das Auto war von der Straße abgekommen und gegen einen Baum geprallt. Im Innenraum des Wagens wirbelte Staub, und Andys Oberschenkel waren mit Glassplittern bedeckt. Aber er lebte. Er warf einen raschen Blick zu Jared und erkannte, dass sein Freund hellwach war. Seine Augen waren weit aufgerissen. Von seiner Hand tropfte Blut, aber sonst schien er unverletzt.

»Begreifst du das?« Jared war geschockt. Er wagte nicht zu atmen.

Allmählich begann es in Andys Kopf zu dämmern. Alles war viel zu schnell passiert, um das Geschehen zu realisieren. Nur Sekunden, nachdem Jared ihn gedrängt hatte, sich anzuschnallen, war der Unfall passiert. Nur Sekunden später.

Die Autotüren waren verzogen und ließen sich nicht mehr öffnen. Andy und Jared warteten, bis die Polizei und die Feuerwehrleute von ihrer eigenen Station zur Unfallstelle geeilt kamen. Erst in diesem Augenblick wusste Andy ganz sicher, dass der Rat seines Freundes ein wahres Wunder bewirkt hatte. Ein Wunder, das ihm das Leben gerettet hatte.

Einer der Feuerwehrleute erklärte ihnen, was passiert war. Nach Zeugenaussagen war ein Lastwagen auf Jareds Spur geraten. Jared musste das Lenkrad herumreißen. Durch die schnelle Bewegung war der Wagen von der Straße abgekommen und gegen den Baum geschleudert worden.

»Wie gut, dass du angeschnallt warst«, sagte der Feuerwehrmann. »Andernfalls wärst du bei dem Aufprall auf der Stelle tot gewesen. Du wärst mit voller Wucht durch die Windschutzscheibe gegen den Baum geflogen.«

* * *

Beth erhielt den Anruf aus dem Krankenhaus eine Stunde nach dem Unfall. Andy erklärte die Situation. Dass sie zunächst ein Stück gefahren seien und Jared plötzlich völlig unverständlich für ihn darauf bestanden hätte, seinen Haltegurt anzulegen.

»Ich dachte daran, was du mir gesagt hattest, Mutter. Dass ich immer das tun würde, was Jared von mir verlangt. Und weißt du was?« Andys Stimme klang noch ganz erschüttert. »Weil du mir diesen Vorwurf gemacht hast, hätte ich den Gurt beinahe nicht angelegt. Aber dann hat Jared mir gesagt, dass er mich als seinen Freund braucht. Dass er nicht will, dass mir etwas passiert. Das war der Grund, warum ich mich schließlich doch angeschnallt habe.«

Beths Hände begannen zu zittern. Lange nach dem Telefongespräch saß sie immer noch wie gebannt am Küchentisch und schaute auf ihre Finger. Gott hatte ein Wunder gewirkt. Anderenfalls wäre Andy jetzt nicht mehr am Leben. Indem sie die Freundschaft ihres Sohnes zu Jared kritisiert hatte, hätte sie fast ihren eigenen Sohn getötet.

Erst nach und nach wurde Beth sich dieser Situation bewusst. Dabei stellte sie fest, dass Jareds erstaunliches Timing sogar eine Antwort auf ihr eigenes Gebet gewesen war. Erstens hatte sie ihren Sohn losgelassen und Gott anvertraut. Und zweitens wollte sie lernen, Andys Freundschaft mit Jared als eine gute Sache zu betrachten. Sie wollte sie so sehen, wie ihr Mann sie immer schon gesehen hatte.

Plötzlich war das Gebet durch das Ereignis, das Andy das Leben gerettet hatte, erhört worden. Und während Beth noch nach ihrer Handtasche und den Schlüsseln suchte, um die beiden jungen Männer vom Krankenhaus abzuholen, wusste sie, was sie tun wollte:

Sie wollte Jared in ihre Arme schließen und sich bei ihm bedanken.

Ein lebensrettendes Dankeschön

Rob Garrett konnte es nicht fassen, wie abrupt sich sein Leben verändert hatte.

Noch vor einem Monat lebten er und seine Frau mit den Töchtern glücklich und zufrieden in einem traumhaften Teil von Thousand Oaks, Kalifornien. Hier waren sie aktive Mitglieder in einer Kirchengemeinde. Hier waren sie zu Hause. Ein Tag war für sie so schön wie der andere.

Kurz nach Weihnachten bekam die sechsjährige Alicia, ihre jüngste Tochter, unerklärliche Fieberschübe. Die Arztbesuche ergaben in den ersten zwei Wochen nichts. Keine Diagnose. Allerdings zeigten sich bei Alicia hier und da blaue Flecken. Nichts Ungewöhnliches. Ein blauer Fleck am Knie. Ein blauer Fleck am Arm. Als solche Flecken immer häufiger auftraten, stellten Rob und seine Frau ihre Jüngste erneut dem Kinderarzt vor.

Dieses Mal schickte der Arzt eine ganze Reihe Blutproben ein. Das Ergebnis war schlimmer als geahnt.

Alicia litt an Leukämie.

»Ich befürchte, die Krankheit wird schnell voranschreiten«, sagte der Arzt. »Sie wird sehr bald eine Rückenmarkübertragung brauchen.«

Rob spürte, wie ihm das Herz plötzlich bis zum Halse schlug. Das war doch nicht möglich! Wie konnte sein braunäugiges, kleines Mädchen in so kurzer Zeit so krank werden? Er zwang sich, sachlich zu bleiben. »Wie bald, Herr Doktor?«

»In einem Monat.« Der Arzt schaute von Rob zu seiner Frau und wieder zu Rob. »Wir werden zuerst Ihre Familienangehörigen untersuchen. Wenn sie nicht als Spender in Frage kommen, dann ist es, meine ich, an der Zeit für drastische Maßnahmen.«

Rob stand auf. Er wollte seine Tochter auf seine Arme nehmen, ihr die Krankheit abnehmen. Noch ein letztes Mal wandte er sich an den Arzt: »Drastische Maßnahmen?«

»Ja.« Der Arzt vergrub seine Hände in den Taschen seines weißen Kittels. »Dann ist es an der Zeit, um ein Wunder zu beten.«

* * *

In Fort Wayne, Indiana, etwa zweitausend Meilen entfernt von den Garretts, wohnte Peter Hickman. Er konnte es kaum glauben, wie gut sein Leben bisher verlaufen war. Er war der Chef einer großen Abteilung in einer national bekannten biotechnischen Gesellschaft. Er hatte die Frau seiner Träume geheiratet und sie hatten gemeinsam zwei Kinder – einen Jungen und ein Mädchen.

Peter war kein großer Beter, aber in letzter Zeit hatte er Gott immer wieder gedankt und ihn um eine Sache gebeten: Er wollte den Mann wiederfinden, der ihm sein glückliches Leben ermöglich hatte.

Dieser Mann hieß Rob Garrett.

Vor dreizehn Jahren war Peter Hickman ein unattraktiver Schüler an der *St. Thomas High School* in Detroit, Michigan, gewesen. St. Thomas war eine Privatschule mit weniger als hundert Schülern, die dort alle Klassen durchlaufen konnten. Unter diesen Schülern hatte Peter die wenigsten Freunde. Er war nicht groß. Jeans und Shirts flatterten meist um seine schmächtige Gestalt. Abgesehen davon trug er auch noch dicke Brillengläser. Peter hatte eine Vorliebe für Mathematik und Geschichte. Wollte er allerdings mit seinen Klassenkameraden über Algebra diskutieren, lachten sie ihn aus und schauten weg. Die meiste Zeit musste Peter außerhalb des Schulgeländes wohnen. Aber ein Mädchen – Maryanne Ellis – hatte sein Herz vom ersten Schultag an erobert. Sie war nicht sehr groß, hatte hellblondes Haar, das ihr fast bis zur Taille reichte, und strahlend blaue Augen. Peter war sich sicher: Das war das schönste Mädchen, das er je gesehen hatte. Leider war er sich auch sicher, dass sie nie Notiz von ihm nehmen würde, dass sie gar nicht wahrnehmen würde, dass es ihn gab.

An einem dunklen Wintertag tippte ihn während der Geschichtsstunde jemand von hinten an die Schulter. Peter drehte sich um und sah in das Gesicht von Rob Garrett, dem Star des Footballteams – er war der populärste und sportlichste Schüler der High School. Rob hatte bisher kein Interesse an Peter gezeigt, wie die meisten Schüler von *St. Thomas*. Er hatte ihn bisher offensichtlich gar nicht bemerkt.

Zumindest bis heute nicht.

»Hey, Hickman, ich wollte dich um einen Gefallen bitten.« Rob versteckte seinen Kopf hinter Peters Rücken, damit der Lehrer ihn nicht schwätzen sah. »Kannst du mir deine Telefonnummer geben, damit wir einmal zusammen lernen können?«

Für einen Augenblick dachte Peter, Rob wollte sich mit ihm einen Scherz erlauben. Aber gleichzeitig merkte er, dass der Football-Star es ernst meinte. »Warum mit mir?«

»Weil«, zischte Rob und versuchte erneut, die Aufmerksamkeit des Lehrers nicht auf sich zu lenken, »du der beste Schüler an der Schule bist und ich eine Eins in diesem Jahrgang brauche.«

»Eine Eins?« Das war Peter noch nicht vorgekommen, dass ein Typ wie Rob an guten Noten interessiert war. »Warum?«

»Weil ich ein Stipendium brauche. Okay?« Rob sah zu dem Lehrer hinüber. »Hilfst du mir nun oder nicht?«

Peter nickte und ließ Rob seine Telefonnummer zukommen. Nachmittags rief Rob ihn an. Die beiden machten aus, drei Mal die Woche in der Schulbibliothek gemeinsam zu lernen. Peter fragte sich, ob Robs Freunde ihn aufziehen würden, weil er mit Peter Hickman zusammen lernte. Aber Rob sprach nie darüber.

Vielmehr begann Peter, während die Wochen dahineilten und sie gemeinsam studierten, in Rob einen Freund zu entdecken. Manchmal sprachen sie nach dem Lernen noch ein paar Worte miteinander. Dabei konnte es passieren, dass Maryanne Ellis zufällig an ihnen vorbeischlenderte und Peter jedes Mal knallrot wurde.

»Du magst sie, nicht wahr?« grinste Rob und schaute Maryanne hinterher. »Eine heiße Braut, Hickman. Ich weiß nicht, ob du ihr Typ bist.«

Peter schob seine Brille hoch und atmete tief durch. »Ja, die ist außer Reichweite für mich.«

Eines Tages, als sie sich wieder einmal ausgetauscht hatten, schaute Rob ihn lange an. »Hey, Hickman. Kannst du nicht Kontaktlinsen tragen, anstelle dieser …« Rob deutete auf Peters Brille, »dieser Bifokal-Dinger da?«

Peter zögerte. »Ich glaube schon. Aber Kontaktlinsen sind teuer und machen viel Arbeit. Diese Brille hat man mir nach einer Augenuntersuchung verpasst.«

»Hör mal zu!« Rob hob die Brauen. »Schau, Hickman …« Er zog den Kopf ein und beugte sich über den Tisch, damit niemand zuhören konnte. »Wenn du dir helfen lässt, können wir vielleicht irgendwie mit Maryanne weiterkommen.«

»Meinst du wirklich?« Peter hatte seine Zweifel. Das Mädel stand meist mit den beliebtesten Schülern auf dem Schulhof herum. Wenn sie tatsächlich Peter wahrnehmen sollte, würde das wahrscheinlich nicht gerade gut für ihn ausgehen.

Rob langte über den Tisch und gab Peter einen leichten Schubs gegen die Schulter. »Okay. Ich weiß, was wir machen.«

Während Peter seinem Mitschüler gute Noten für amerikanische Geschichte in Aussicht stellte, überlegte Rob, wie aus dem unattraktiven Brillenträger ein Mann zu machen wäre, nach dem sich die Mädchen anerkennend umschauen würden. Zuerst nahm er Peter mit in die Stadt zum Frisör und zum Optiker. Nachdem dieser eine neue Frisur und Kontaktlinsen bekommen hatte, kauften sie knackige Jeans und drei Sweaters aus der Teens-Abteilung des Kaufhauses – modisch und geschmackvoll – keine Ladenhüter, wie seine Mutter sie gewöhnlich aus der Herrenabteilung für ihn anschaffte.

Schließlich brachte Rob Peter bei, wie man mit mehr Selbstbewusstsein auftritt: stets entspannt und kontrolliert und nicht so eilig und nervös. Die Lektionen über den direkten Augenkontakt und eine langsamere Art der Konversation gehörten zum letzten Schliff. Nach drei Wochen gemeinsamer Arbeit trat Rob einen Schritt zurück und bewunderte seinen neuen Freund.

»Peter, du bist ein ganz anderer Typ geworden!«

Peter musste ihm zustimmen. Obwohl sich nichts an seiner Faszination für Mathe und Geschichte geändert hatte und obwohl ihm die sozialen Kontakte an der Schule immer noch weniger wichtig waren als das Lernen, hatte sich sein Blick verändert. Rob konnte es kaum erwarten, ihn Maryanne vorzustellen.

Der große Ball des Winterhalbjahres wurde vorbereitet, und Rob dachte über einen neuen Plan für Peter nach. Eine Woche später, während sie gemeinsam lernten, wartete er, bis Maryanne an ihrem Platz in der Bibliothek vorbeilief. Dieses Mal bat Rob sie an ihren Tisch und stellte ihr Peter vor.

»Hallo«, lächelte Maryanne überrascht und etwas schüchtern. »Bist du neu?«

Peter wusste nicht genau, was er darauf sagen sollte. Er blickte zu Rob und grinste. »Ja, so kann man sagen.«

Nach diesem Tag fing Rob jeden Tag Maryanne ab. Am Freitag – ganz nach Plan – wartete Rob, bis Maryanne sich zu ihnen an den Tisch gesetzt hatte und schaute anschließend überrascht auf seine Armbanduhr. »O Mann! Ich habe eine Verabredung mit Coach West.«

Er war verschwunden, bevor Peter oder Maryanne noch etwas sagen konnten.

In das Schweigen hinein lächelte Peter Maryanne an und hob fragend eine Schulter: »Hey, Maryanne … Ich wollte dich etwas fragen.«

Sie fühlte sich inzwischen in seiner Gegenwart recht wohl. Offensichtlich war ihr seine frühere sozial schwache Stellung gar nicht aufgefallen. Sie akzeptierte ihn einfach als einen von Robs Kameraden. Maryanne legte ihre Arme auf den Tisch und hielt erwartungsvoll den Kopf schief. »Okay, frag mich!«

Peter konnte kaum glauben, dass er es wagen sollte, sie zu fragen. Aber er tat es trotzdem. »Würdest du mit mir zum Winter-Ball gehen?«

Ein zartes Lächeln umspielte ihre Lippen. Ohne weiter zu zögern, nickte sie. »Ja, Peter. Ich komme gern.«

* * *

Vierzehn Jahre danach waren Peter und Maryanne glücklicher denn je. Mindestens einmal in der Woche dachte Peter an Rob Garrett. Gab es vielleicht etwas, womit er dem Mitschüler von damals dafür danken konnte, dass er ihn mit Maryanne zusammengebracht hatte? Wo steckte er überhaupt und was war aus ihm geworden? War Rob selbst genauso glücklich geworden wie er? Viele Male hatte Peter versucht, seinen alten Freund ausfindig zu machen. Er wusste nur, dass Rob im Anschluss an die Schulzeit die *Rutgers University* besucht hatte. Aber im Sekretariat konnte ihm niemand Auskunft geben, wohin Rob anschließend gegangen war.

Peter arbeitete noch spät abends an seinem Computer, als ihm ein Gedanke durch den Kopf fuhr. Im Internet gab es einige Seiten, auf denen man Verbindung zu alten Klassenkameraden aufnehmen konnte. Durch diese Möglichkeit inspiriert, schaute Peter sofort nach und fand eine lange

Liste mit den Namen ehemaliger Schüler. Er gab Robs Daten ein. In wenigen Minuten hatte Peter Robs Namen entdeckt. Die aufgeführten Informationen waren sehr allgemein gehalten. Aber, siehe da: Die E-Mail-Adresse des alten Freundes war angefügt! Peter schaltete eine kurze Notiz und erkundigte sich, ob sein Empfänger tatsächlich der Rob Garrett von der *St. Thomas High School* war. Nach einer Bestätigung wollte er, wenn möglich, ein Telefongespräch mit ihm aufnehmen.

Am nächsten Tag fand Peter in seiner Mailbox eine Antwort. Er öffnete die Nachricht und fand einen Brief von Robs Frau. Ja, Peter habe die richtige Person erwischt. Aber Rob sei sehr beschäftigt. Er verbringe nur selten Zeit am Computer. Sie fügte ihre Telefonnummer und die Adresse in Thousand Oaks, Kalifornien an.

Diese Information ließ Peter von seinem Stuhl aufspringen. »Maryanne!«, rief er durchs ganze Haus nach oben und wartete, bis sie heruntereilte und ihren Kopf in sein Arbeitszimmer steckte.

»Ja?«

»Hast du Lust auf einen Wochenendtrip nach Kalifornien?«

* * *

Rob war am Ende seiner Kräfte.

Er, seine Frau und ihre älteste Tochter Tara waren alle getestet worden, um zu sehen, ob ihre Blutgruppen mit der von Alicia übereinstimmten. Keine passte. Die Ärzte fragten bei der staatlichen Spenderbank nach, aber auch von dort kam keine gute Nachricht. Die Chance, dass das Knochenmark eines fremden Menschen mit dem von Alicia übereinstimmte, lag bei eins zu zehntausend. Die Spenderbank hatte nichts für ihre Tochter parat und der Krebs schritt alarmierend voran.

Rob und seine Frau beteten flüsternd, während sie mit der schlafenden Alicia auf dem Rücksitz des Wagens von der Arztpraxis zurückfuhren.

»Wir brauchen ein Wunder, Vater im Himmel. Finde du für uns einen geeigneten Spender für unsere kleine Tochter.« Roberts Stimme versagte und er umklammerte das Lenkrad des Wagens. »Bitte, Vater.«

Als sie vor ihrem Haus hielten, parkte bereits ein Sedan vor ihrem Tor. Soweit Rob erkennen konnte, saß ein Mann darin. »Wer ist denn das?« Er schaute genauer hin und versuchte, jemanden durch die Scheibe des Wagens zu erkennen.

Seine Frau kniff die Augenbrauen zusammen. »Kenn ich nicht.«

Sie stellten ihr Auto ab und stiegen aus. Die Tür des Sedan öffnete sich gleichzeitig und der Mann stieg aus. Er winkte ihnen zu. »Rob Garrett?«

Rob betrachtete den Mann. Irgendwie hatte er etwas Vertrautes an sich ... Aber aus der Entfernung konnte er ihn nicht einordnen. »Ja, der bin ich. Kann ich etwas für Sie tun?«

»Rob, ich bin's! Peter Hickman!«

»Peter Hickman?« Robs Stimme klang müde und nur wenig überrascht. Peter Hickman? Der Geschichtsfreak, mit dem er sich in *St. Thomas* angefreundet hatte? Seit ihrem High-School-Abschluss hatten sie nicht mehr miteinander gesprochen. »Was machst du in dieser Gegend?«

Der Mann trat näher heran, bis Rob endlich sah, dass es in der Tat Peter Hickman war! Er war inzwischen fülliger geworden und strahlte übers ganze Gesicht. Peter streckte Rob seine Hände entgegen und schüttelte herzlich seine Hand. »Seit vierzehn Jahren suche ich dich, Rob. Ich kann es nicht glauben, dass ich dich endlich gefunden habe.«

Rob wünschte, er könnte sich lebhafter geben, erfreuter zeigen. Aber seine Frau trug in diesem Moment Alicia ins Haus, und ihm war eher nach Weinen zu Mute. Wie sollte er sich auf das Wiedersehen mit Peter Hickmann konzentrieren, während sein kleines Mädchen dem Tode nahe war?

Peter sprudelte heraus, dass er und Maryanne geheiratet

hatten und nun zwei Kinder hätten und gar nicht glücklicher sein könnten. »So ist das also bei uns«, beendete Peter seinen Wortschwall und schlug Rob begeistert auf den Rücken, während sie auf das Haus zuschritten. »Die ganzen Jahre wollte ich dir danken. Ich habe mir immer gewünscht, ich könnte dir einmal vergelten, was du damals für mich getan hast.«

Rob nahm diese Bemerkung mit einem zaghaften Lächeln auf. »Mach dir deswegen keine Sorgen, Peter.« Sie setzten sich ins Wohnzimmer und Rob sagte: »Ich bin froh, dass dir alles so gut gelungen ist.«

Peter lehnte sich bequem zurück, immer noch mit einem strahlenden Lächeln im Gesicht. »Und du, Rob? Wie sieht es bei dir aus?«

Zuerst wollte Rob ihm nichts erzählen. Schließlich war es für ihn nur eine rein zufällige Begegnung mit einem ehemaligen Schulkameraden. Je zeitiger Peter wieder ging, umso eher konnte er sich um Alicia kümmern.

Plötzlich schoss ihm ein Bibelvers aus der Predigt vom letzten Sonntag durch den Kopf: *Wo zwei oder drei versammelt sind, da bin ich mitten unter ihnen.*

Rob unterhielt sich mit seinem Gast oberflächlich weiter. Unterschwellig beschäftigte ihn jedoch die Bibelstelle. Endlich – als ob Gott selbst ihn drängen würde, sein Herz auszuschütten – stockte er mitten im Satz. Er berührte mit der Hand die Stirn und stützte den Kopf zwischen Daumen und Zeigefinger.

»Rob? Alles in Ordnung?«

»Nein.« Das Wort verlor sich in einem Schluchzen. »Nein, eigentlich nicht.«

* * *

Peter trat an seinen Sessel und legte den Arm um Robs Schultern. »Was ist los mit dir? Erzähl!«

Und Rob erzählte ihm alles.

Als er seinen Bericht über Alicias momentane, quasi aussichtslose Situation beendet hatte, stand Peter auf und griff nach seinem Autoschlüssel. »Ich fahre sofort zum Krankenhaus und lasse mir eine Blutprobe nehmen. Man kann nie wissen, Rob. Vielleicht passt meine Blutgruppe. Ich würde mir nie verzeihen, wenn ich es nicht wenigstens versucht hätte.«

Die Idee schien fast grotesk. Es gab keinen Grund zu glauben, dass Peter Hickman die Blutgruppe seiner Tochter haben könnte. Aber schaden konnte es ja nicht. Außerdem hatte Rob nicht die Kraft, seinem alten Freund die Sache auszureden.

Rob fuhr mit Peter zum Krankenhaus. Als man ihm das Blut abgenommen hatte, bat Peter die Krankenschwester, sein Blut mit Alicias Blutgruppe zu vergleichen.

»Ich wohne nicht in dieser Stadt«, erklärte er. »Ich brauche das Ergebnis so schnell wie möglich.«

Die Schwester versprach, das Ergebnis in einer Stunde telefonisch durchzugeben, und Rob und Peter verließen das Krankenhaus. Auf dem Heimweg nahmen sie noch ein paar Hähnchenschenkel für das Abendbrot mit. Kaum dass sie ihre Mahlzeit beendet hatten, klingelte das Telefon.

Telefonreklame, dachte Rob. Erst beim dritten Klingeln nahm er den Hörer ab. »Hallo?«

»Mr. Garrett?« Die Stimme am anderen Ende der Leitung klang voller Begeisterung. »Ich habe die Ergebnisse von Mr. Hickmans Blutproben.«

»Ja?« Rob war völlig irritiert. Warum war die Frau so begeistert?

»Es passt, Mr. Garrett. Es passt perfekt!«

Rob fiel auf seine Knie und beugte seinen Kopf. Peter Hickman war der perfekte Spender für Alicia? Wie war das möglich?

»Was ist los, Rob?« Peter stand hinter ihm und berührte seinen Arm.

»Wie ist das Ergebnis?«

Rob stand auf. Er wollte sprechen, aber er konnte nicht. Er befand sich auf heiligem Boden. Voll und ganz heilig. Vor wenigen Stunden hatten er und seine Frau um ein Wunder gebetet. Ein Mann, den er vierzehn Jahre lang nicht gesehen hatte, trat auf ihn zu. Und einige Stunden später hatten sie den passenden Spender für ihre Tochter!

Es war wie im Traum.

Da stand Rob nun. Bewegungslos. Er versuchte, sich selbst zu überzeugen, dass er nicht träumte. Das Telefon fiel ihm aus der Hand und er bemerkte nur von ferne, dass seine Frau es aufhob und die Neuigkeiten zu ahnen schien. Es war eine Sache von Sekunden, dass sie die Information an Peter weitergab und die drei umarmten sich, weinten und dankten Gott.

Die Operation erfolgte noch in derselben Woche und keiner war erstaunt, dass die Transplantation ein voller Erfolg wurde. Das Wunder hatte begonnen, als Rob in Peters Leben trat und ihm half, Maryanne kennen zu lernen. Peter hatte das getan, was er schon immer tun wollte – er hatte Rob seine Freundlichkeit vergolten.

Aber nur Gott hatte die Freunde zur rechten Zeit zusammenbringen können. Er allein wusste, wann und wie Peter es seinem Freund vergelten konnte: Indem dieser ein Teil von sich selbst gab, um das Leben von Robs kleiner Tochter zu retten.

Ein Engel im Kleintransporter

Die beiden Ärzte waren seit zwanzig Jahren Partner und Freunde zugleich. Ihre Wesensart und Einstellungen waren so verblüffend ähnlich, dass sie oft scherzhaft sagten: Selbst unsere Frauen können uns kaum auseinander halten!«

»Wir sind seelenverwandt«, sagte William Sutter manchmal.

Und sein bester Freund, Harry Bateman lachte und nickte zustimmend. »Ja, wir sind seelenverwandt.«

Vor zehn Jahren fanden die beiden Männer nach Eröffnung ihrer Arztpraxis Bauland in einem abgelegenen Canyon außerhalb von Cottonwood, Arizona. Die Fahrt dorthin war weit und kurvenreich. In der Monsunzeit konnte die Autofahrt sogar gefährlich werden. Aber die Freunde fanden diesen Aufwand jeden Tag der Mühe wert.

Jeder baute ein Haus für seine Familie. Die Häuser lagen ein paar Kilometer voneinander entfernt. Sie zogen also gemeinsam hinaus in die Wüste.

Eines Abends im August sahen sich Harry und seine Frau einen Kinofilm an. Plötzlich überfiel Harry ein seltsamer Gedanke: »Will ist in Gefahr.« Er war sich vollkommen sicher.

Etwa zur gleichen Zeit donnerte es über dem Kino. Harry fuhr in seinen Sessel erschrocken zusammen.

»Das ist nur ein Gewitter, Harry.« Seine Frau nahm beruhigend seine Hand. »Warum bist du so schreckhaft?« fragte sie ihn flüsternd.

»Will ist in Schwierigkeiten. Ich habe es im Gefühl.«

Beide Ärzte waren Christen. Obwohl in ihrer Region die New-Age-Philosophie sehr verbreitet war, schenkte keiner von ihnen dieser Weltsicht besondere Beachtung, wenn einer ihrer Patienten darüber sprach.

Aber dies … dies war etwas, was Harry einfach nicht negieren konnte. Er griff rechts und links nach den Armlehnen seines Kinosessels und beugte sich zu seiner Frau. »Komm, lass uns gehen. Ich muss ihn finden.«

* * *

Etwa dreißig Kilometer entfernt war Will Sutter in Schwierigkeiten geraten.

Seine Frau und seine Tochter waren nicht zu Hause, sondern besuchten Verwandte an der Ostküste. Darum musste er losfahren, um sich Brot und Milch zu besorgen. Auf dem Heimweg brach ein Monsunregen los, wie Will ihn bislang noch nicht erlebt hatte.

Entlang des Canyons standen zwar Schilder, die vor Überschwemmungen und Erdrutschen warnten, aber in den zehn Jahren, seitdem die beiden Familien hier draußen wohnten, war so etwas noch nie passiert. Nun machte sich Will allerdings Sorgen. Es schüttete wie aus Kübeln und es sah so aus, als ob die Erde entlang der Berge stellenweise abgerutscht wäre.

Er fuhr langsam heran und war entschlossen, nach Hause zu fahren, bevor die Straßen noch unzugänglicher wurden. Genau in diesem Moment kam ein Kleintransporter aus der Gegenrichtung. Beim Heranfahren blendete der Fahrer auf und hupte. Will hielt an und ließ die Scheibe herunter, sodass er den Fahrer erkennen konnte. Es war ein weißhaariger Mann mit hellen Augen, die in der Dunkelheit der stürmischen Nacht fast glühten.

»Da können Sie nicht durch«, rief der Mann ihm zu. »Die halbe Straße ist weggerissen.«

Will sank das Herz in die Hose. Er musste da durch. Wo sollte er die Nacht verbringen, wenn er nicht sein Haus erreichte? Außerdem konnte die Straße ja gar nicht so schlimm sein. Am nächsten Tag würde sie repariert werden und dann war alles wieder in Ordnung.

Er wollte auf jeden Fall versuchen, nach Hause zu kommen.

Will streckte die Hand aus dem Fenster und winkte dem Mann zu. »Dankeschön!«, schrie er. »Ich werde es trotzdem versuchen.«

Der Mann sah ihn sehr streng an und ließ ihn nicht aus den Augen. Will löste sich von dem starren Blick des Weißhaarigen und trat aufs Gaspedal. *Komischer Kerl*, dachte er bei sich. Was tat der überhaupt hier auf der verlassenen Canyon-Straße? Will hatte ihn noch nie gesehen.

Will fuhr weiter und wurde hinter jeder Kurve langsamer. Nach wenigen Minuten hatte er den fremden Mann im Kleintransporter vergessen. Plötzlich, ohne Vorwarnung, schlug ein Wasserschwall, vermischt mit Matsch, krachend gegen seinen Suburban und drückte ihn an den Abgrund des Canyons. Von dort aus ging es steil etwa dreihundert Meter abwärts und Will konnte nichts tun, um sein Fahrzeug von diesem Abgrund fern zu halten.

»Gott! Hilf mir!« Will schrie diese Worte laut hinaus und schaute sich rasch um. Es blieben ihm nur wenige Sekunden, bevor die Blitzflut und der Erdrutsch ihn in den Canyon spülten. »Bitte, Gott … hilf!«

Und plötzlich blieb sein Suburban stehen.

Will blinzelte. Seine Finger umklammerten mit einem Griff das Lenkrad. Was war geschehen? Er schaute aus seinem Seitenfenster und sah, dass das Wasser und das Geröll immer noch gegen sein Auto strömten, nur nicht mehr so stark wie zuvor. Alle paar Sekunden konnte er fühlen, wie seine Vorderreifen ein wenig mehr an den Abgrund rutschten. Aber noch konnte sich sein Fahrzeug auf der Straße halten.

Als es so aussah, als hätte der Wasserstrom etwas nachgelassen, versuchte er die Tür zu öffnen, um zu entkommen. Aber seine Bewegung trug nur dazu bei, dass sein Suburban ein paar Zentimeter weiter an den Abgrund rutschte. *Okay, Gott.* Wills Herz klopfte wie wild und er zwang sich, so ruhig wie möglich zu bleiben. *Tu ein Wunder, Herr, bitte. Bring mich hier heraus!*

* * *

Harry und seine Frau waren gerade aus dem Kino gekommen und in ihren Explorer gestiegen, als ein Kleintransporter neben ihrer Fahrertür anhielt. Harry zitterte inzwischen, so große Sorgen machte er sich um Will, obwohl es für seine Empfindungen gar keinen offensichtlichen Grund gab. Er kurbelte seine Scheibe herunter und schaute den Mann an. Etwas an diesem Mann schien seltsam, außerirdisch. Sein Haar war strahlend weiß und seine Augen hatten einen übernatürlichen Glanz.

Harry sprach den Mann an. »Kann ich Ihnen helfen?«

»Haben Sie eine Winde?« Der Mann wies hinter sich auf die Straße. »Dort hinten steckt einer auf dem Old Canyon Highway im Matsch. Er braucht eine Winde.«

Old Canyon Highway? Das war doch die Straße, wo er und Will wohnten! Harry hatte Mühe, Worte zu finden. »Ich muss genau dorthin. Ich werde sehen, was ich machen kann.«

Auf dem ganzen Weg nach Cottonwood wurde das Gefühl, dass Will in Gefahr war, in Harry immer stärker. Von der Straße aus hielt er die ganze Zeit nach einem Auto Ausschau, das im Schlamm steckte; das hatte er dem Mann im Kleintransporter versprochen.

»Findest du das alles nicht ein bisschen verrückt?« Harrys Frau nahm seine Hand und schaute ihn fragend an. »Will ist heute Abend zu Hause, das weißt du doch. Seine Familie ist in der Stadt.«

»Das interessiert mich nicht.« Er begegnete dem Blick seiner Frau und hoffte, sie würde erkennen, wie ernst es ihm war. »Solch ein Gefühl habe ich noch nie gehabt. Er ist in Schwierigkeiten und Gott will, dass ich ihm helfe. Das muss es sein.«

Sie fuhren weiter. Harry bemerkte Straßenabschnitte, die ganz mit Schlamm bedeckt waren. Inzwischen hatte der Regen nachgelassen. Man konnte die Schäden gut erkennen, die er überall angerichtet hatte. »Blitzfluten«, sagte er zu seiner Frau. »Das muss hier sein, wovon der Typ im Kleintransporter gesprochen hat.«

Noch eine Kurve und ein Stück geradeaus. Da!! Harry stockte der Atem. Dort, direkt vor ihnen, stand Wills Auto. Die Frontscheinwerfer blinkten. Der Wagen war seitlich von der Straße an den Abgrund des Canyons gerutscht. Eine Mauer aus Schlamm drückte weiterhin gegen die Fahrertür. Doch an der Beifahrerseite befand sich ein Baumstumpf, der den Suburban daran hinderte, endgültig in den Abgrund zu rutschen.

»Lieber Gott, hilf mir, ihm zu helfen!« Harry fuhr zur Seite und hielt kurz vor dem Auto an. Er watete durch den Schlamm zu Will. »Will! Ich bin's. Bist du da drin?«

»Ja!« Wills Stimme klang höher als sonst, angespannt und erregt. »Bleib stehen! Ich habe keinen Halt. Eine falsche Bewegung und …«

In diesem Moment rutschte Wills Auto wieder ein paar Zentimeter von dem Baumstumpf weg und näher an den Abgrund heran.

»Ich habe eine Winde dabei. Halt durch!« Als Harry diese Worte sagte, rann ihm ein Schauer über den Rücken. Plötzlich hatte er den Mann im Kleintransporter wieder vor Augen, der ihn gefragt hatte, ob er eine Winde habe und der ihm erzählt hatte, dass ein Mann auf dem Old Canyon Highway stecken geblieben sei. Wie war der weißhaarige Mann von der Stelle, wo Will feststeckte, zum Kino-Parkplatz gekommen, wo Harry in sein Auto stieg? Er hatte keine Zeit, die Lage zu analysieren. Handys reagierten nicht auf diesem Straßenabschnitt. Wenn er jetzt losging, um Hilfe zu holen, konnte es zu spät sein. Darum musste er in dieser Situation selbst handeln. So schnell er konnte, holte er die Winde heraus und befestigte den Suburban an sechs Stellen an einem nahe stehenden Baum. Gerade als er das letzte Seil befestigte, glitt der Suburban am Baumstumpf vorbei bis an die äußerste Kante des Canyons.

Aber Harrys Seile hielten und das Fahrzeug blieb wenige Zentimeter vor dem Abgrund stehen.

»Preist den Herrn!«, rief Will aus seinem Wagen heraus. »Ich steige aus.« Er kletterte durch die Hintertür und zog sich an den Seilen bis an Harrys Wagen heran.

Dort verglichen die Männer ihre Eindrücke und stellten etwas Merkwürdiges fest. Beide waren sie dem Mann im Kleintransporter begegnet – einem seltsamen Menschen mit weißem Haar und glühenden Augen, den keiner von ihnen je zuvor gesehen hatte.

»Glaubst du, dass es vielleicht ...« Harrys Frau war die erste, die die Vermutung aussprach. »Könnte es ein Engel gewesen sein?«

Je mehr die drei über diese Möglichkeit nachdachten, desto mehr schienen sie davon überzeugt zu sein, dass dies die einzige Antwort war. Wie sonst hätte sich Harry getrieben gefühlt, das Kino zu verlassen, um seinen besten Freund zu suchen? Wer sonst hätte gewusst, wo und wann Harry auf dem Kinoparkplatz zu finden war und wer hätte ihm sagen können, in welche Richtung er fahren sollte?

Lange sprach niemand ein Wort. Das war auch nicht nötig. Wirklich nicht. Gott hatte durch sein Wunder bereits genug zu jedem von ihnen gesagt.

Wiedergefunden

Als allein erziehender Vater kam sich Scott Miller seit fünfzehn Jahren minderwertig vor, nachdem seine Frau ihn und ihre beiden Kinder verlassen hatte. Aus der kleinen Laura war inzwischen ein aufsässiger Teenager geworden. Scott war der Meinung, dass er im Großen und Ganzen eine gute Beziehung zu Laura hatte, doch manchmal – an Abenden wie diesem – war er sich nicht mehr so sicher.

Der Abend an diesem Freitag hatte begonnen wie jeder andere. Seit Jahren schauten sich Scott, Laura und ihr Bruder Ben freitags einen schönen Film an. Eine Tüte Popcorn aus der Mikrowelle gehörte natürlich immer dazu. Doch seitdem Laura vor drei Monaten sechzehn geworden war, war nichts mehr wie immer. Die paar Anrufe, die Laura tagsüber gelegentlich erhalten hatte, hatten sich auf mindestens sechs pro Abend erhöht.

Ihre Freunde und Freundinnen schienen jeden Abend in Partystimmung zu sein. Doch Scott hielt die Zügel fest in der Hand. »Ausgang nur einmal in der Woche, Laura. Nicht öfters. Du brauchst Zeit für deine Familie und Zeit für die Schule. Du kannst nicht alle Tage auf Achse sein. Dazu bist du zu jung.«

Meistens gab Laura sich damit zufrieden.

Aber an diesem Freitag war Laura von ihren beiden

besten Freundinnen angerufen worden. Am nächsten Abend waren alle zur selben Pyjamaparty eingeladen worden und ihre Freundinnen wollten wissen, ob Laura mit ihnen heute dafür einkaufen gehen würde. Nur für ein paar Stunden.

»Bitte, Papa, sag ja! Alle dürfen!«

Scott lehnte sich an die Wand im Wohnzimmer und blickte seine Tochter fest an. »Du kennst die Regeln, Laura. *Ein*mal in der Woche.«

»Jaaaa, Papa! Aber, Paps, das Einkaufen ist ja kein Ausgehen. Ich bin bestimmt vor neun Uhr wieder zu Hause!«

»Laura!« Er spürte, wie die Mauer seiner Grundsätze zu wanken begann. Bei solchen Gelegenheiten fragte er sich, warum er sich nicht wieder verheiratet hatte. Warum er nicht wieder jemanden gefunden hatte, der ihm die Einsamkeit abnahm, die ihm Tag für Tag anhing. Jemand, der Laura eine Mutter sein konnte. Für den Bruchteil eines Augenblicks dachte er an Becky Olsen, seine erste Liebe. Becky hätte ihn nie verlassen. Nie! Warum hatte er eigentlich nach der High School mit ihr Schluss gemacht? Das war sein größter Fehler gewesen. Heute könnte sie hier sein und Laura zur Seite stehen.

Er seufzte und nahm mit seiner Tochter Blickkontakt auf.

»Wer fährt?«

»Susis Mutter. Sie kann mich abholen und wieder nach Hause bringen.«

»Mich auch?« Ben kam dazu und grinste seine Schwester frech an. Er war fünfzehn und ärgerte sie gern, wenn es um ihre Freundinnen ging.

»Nee!«

Scott ließ sich in den nächsten Sessel fallen und nickte Ben zu. »Wir sehen uns in der Zeit lieber den Film an. Du und ich.« Er blickte zu Laura. Ihr würde schon nichts passieren. Schließlich wohnten sie in Mill Creek, Washington. Die Kriminalitätsrate lag hier so niedrig wie sonst nirgendwo im Land. »Hau ab und geh einkaufen!«

Laura rannte auf ihn zu und legte ihm die Arme um seinen Hals. »Danke, Papa. Ich verspreche dir, es dauert nicht lang.«

* * *

Normalerweise arbeitete Becky Olsen in Arztpraxen und medizinischen Zentren in Süd Oregon und Kalifornien. Sie war in diesen Bezirken Verkaufsleiterin für die größte Pharmaziegesellschaft des Landes. Letzte Woche hatte eine Kollegin sie um einen Gefallen gebeten: »Könntest du bitte meinen Bezirk in Washington mit übernehmen?«

Becky hatte nicht lange gezögert. Sie lebte allein und war unabhängig. Die Arbeit ließ sie vergessen, dass sie viel zu oft allein war. Vor langer Zeit war sie verheiratet gewesen und hatte zwei Söhne, Zwillinge, gehabt. Aber vor sechs Jahren war sie an einem Frühlingsabend von einer Geschäftsreise nach Hause gekommen und zum allerersten Mal nicht von ihrer Familie begrüßt worden.

Erst zwei Stunden später erfuhr sie den Grund.

Ihr Mann und die Kinder wollten zum Flughafen fahren und waren nicht weit von ihrem Haus entfernt auf einem schlecht beleuchteten Bahnübergang von einem Güterzug erfasst worden. Alle drei – ihr Mann und die Zwillinge – waren auf der Stelle tot.

Becky brauchte zwei Jahre, bis sie ihre Arbeit wieder aufnehmen konnte. Sie hatte sich geschworen, allein zu bleiben. Sie hatte geliebt – und alles verloren. Das war genug für ein ganzes Leben. Wenn Sie abends von der Arbeit nach Hause kam, in ihr kleines Apartment in Portland, Oregon, kochte sie sich zuerst einmal eine große Tasse Kaffee, setzte sich an den Küchentisch und weinte.

Sie weinte nicht, weil sie eine neue Familie haben wollte. Sie weinte, weil sie einen Freund brauchte. Ihr enger, beruflicher Zeitplan gab ihr kaum Möglichkeit, bleibende Beziehungen zu knüpfen. Nicht einmal mit den Nachbarn. An manchen einsamen Abenden gingen ihre Gedanken zurück in die Vergangenheit und dabei oft über die Zeit mit der geliebten eigenen Familie hinaus. Sie gingen zurück in ihre Schulzeit, als ihr bester Freund Scott Miller war. Sie waren natürlich noch Kinder gewesen, aber sie hatten jede freie Minute miteinander verbracht, gelacht und gespielt und sich gegenseitig das Herz ausgeschüttet.

Scott hatte vor vielen Jahren geheiratet. Was wohl aus ihm geworden war? Das fragte Becky sich nicht, weil sie mit ihm eine Beziehung anfangen wollte. Nein, weil er ein alter Freund von ihr war. Einer der besten, den sie als Teenager gekannt hatte.

Sie machte sich frei von diesen Gedanken und sie dachte an den nächsten Schritt, den sie zu tun hatte. Sie musste ein Hotel finden, sich einchecken und die Notizen für ihre Besuche durchgehen, die sie am nächsten Tag im nahe gelegenen Krankenhaus zu erledigen hatte. Es war schon fast zwanzig Uhr, als sie nördlich von Seattle auf einen Parkplatz fuhr.

Becky wollte gerade in einen Parkbucht einbiegen, als etwas ihre Aufmerksamkeit gefangen nahm. Sie drehte sich um und sah einen Mann in dunkler Kleidung, der dicht hinter einem jungen Mädchen herlief. Becky konnte den Gesichtsausdruck des Mädchens von ihrem Sitz aus erkennen. Der Ausdruck des Mädchens ging ihr durch und durch. Ihre Augen waren weit aufgerissen und sie schien der Verzweiflung nahe zu sein.

Was ist denn da los?, dachte Becky. Warum ging der Mann so dicht hinter dem jungen Mädchen her? Wenn dieser Mann ihr Vater war, warum gingen sie nicht nebeneinander? Warum blieb der Mann ihr so dicht auf den Fersen? So wie es aussah, wurde das Mädchen gerade zu einem Auto am Ende des Parkplatzes getrieben!

Becky fuhr an der Parkreihe entlang und in die nächste Parkbucht hinein, damit sie die beiden genauer beobachten konnte. Sie sah, wie der Mann das Mädchen zu einer aufgemotzten Limousine schob, in ein Auto, das offensichtlich nicht in dieses bürgerliche Wohngebiet von Seattle passte.

Lieber Gott … Was ist da los? Das Mädel ist in Schwierigkeiten!

Folge dem Auto, Becky. Folg ihm!

Die Antwort war eher ein innerer Eindruck als eine real hörbare Stimme. In Beckys Herzen klang sie jedoch nach, als ob Gott ihr die Worte durch ein Megafon zugerufen hätte. Becky fuhr zwar langsam, aber stetig etwas schneller, damit der Mann nicht auf sie aufmerksam wurde. So konnte sie sich vorsichtig seinem Wagen annähern. Als der Mann mit dem Mädchen davonfuhr, blieb sie in einem möglichst unauffälligen Abstand hinter ihnen.

Beckys Herz schlug schneller, als sie auf die Schnellstraße nach Süden abbogen. Was machte sie eigentlich? Wenn Gott wollte, dass sie dem Auto folgte, musste das Mädchen irgendwie in Schwierigkeiten sein. Aber sie hatte nichts gesehen, was beweisen konnte, dass der Mann dem Mädchen etwas antun wollte.

Sie zog ihr Handy aus der Handtasche und schaltete es ein. Die Polizei würde von ihr einen Grund wissen wollen, falls sie um Hilfe bat, einen Hinweis darauf, dass dies mehr als nur eine Eingebung war.

Der Mann bog auf eine weniger befahrene Straße ab. Jetzt wusste Becky, dass ihr keine Zeit mehr blieb. Wenn der Mann mit dem Mädchen in eine einsamere Gegend fuhr, würde er sicher bemerken, dass sie ihm folgte. Dadurch konnte das Mädchen in noch größere Schwierigkeiten geraten als zuvor. Und falls der Mann außerdem eine Waffe hatte, konnten sowohl sie als auch das Mädchen in Gefahr sein.

Ohne weiter darüber nachzudenken, wählte Becky die Notrufnummer und wartete.

Sofort ertönte eine Stimme in der Leitung: »Schildern Sie den Notfall!«

»Ich folge einem Mann, der meiner Meinung nach ein junges Mädchen entführt.« Becky fuhr sich mit der Zunge über die Lippen und versuchte, glaubhaft zu klingen. »Sie sieht zu Tode erschrocken aus.«

Der Mann in der Notdienstzentrale bat Becky um eine Ortsbestimmung, die sie ihm gab. Drei Minuten später tauchte hinter Beckys Auto ein Polizeiwagen mit Blaulicht auf, überholte sie und winkte den Mann an den Straßenrand.

Becky hielt auch an und blieb im Auto sitzen, von wo aus sie das weitere Geschehen beobachtete. Ein Polizeibeamter befahl dem Mann auszusteigen und sein Kollege tastete ihn ab.

Der Polizist hielt plötzlich inne und zog eine Pistole aus der Tasche des Mannes. Einen Augenblick lang versuchte der Mann wegzurennen, aber der erste Polizeibeamte warf ihn zu Boden. Sekunden später war der Mann in Handschellen und wurde hinten ins Polizeiauto geschoben.

Becky stieg aus ihrem Wagen aus. Ihr zitterten die Knie vor Aufregung. Sie ging auf das Auto zu, in dem die Beamten mit dem Mädchen sprachen. Becky erklärte ihnen, dass sie die Zeugin sei, die beobachtet hatte, wie der Mann das Mädchen auf dem Parkplatz vor sich her zu seinem Wagen schob.

Das Mädchen schluchzte, zitterte vor Angst und erklärte, was passiert war. »Wir … wir gingen einkaufen und ich hatte meine Handtasche im Wagen vergessen. Darum … bin ich noch einmal zum Parkplatz gegangen und ich spürte hier …«, sie zeigte auf ihre Seite, »etwas an meiner Taille.« Sie schluchzte zweimal auf und hielt die Augen geschlossen. »Ich schaute hin und … und der Mann hatte eine Waffe auf mich gerichtet. Er sagte, ich solle vor ihm hergehen, sonst würde er mich erschießen.«

Becky spürte, wie sie kreidebleich wurde. Was, wenn sie dem Ruf Gottes, dem Wagen zu folgen, keine Beachtung geschenkt hätte? Das Mädchen wäre sicher entführt und vielleicht getötet worden. Der Polizist nahm den Bericht auf. Becky ging auf das Mädchen zu, stellte sich vor und erklärte ihr, wie sie gesehen habe, dass der Mann sie zwang, in sein Auto zu steigen. Und dass sie dann sofort die Polizei um Hilfe gebeten habe.

Obwohl sie immer noch erschüttert war und am ganzen Körper zitterte, stieg das Mädchen aus dem Wagen und schüttelte Becky die Hand.

»Haben Sie herzlichen Dank.« Sie hielt sich an ihrem Arm fest und klapperte mit den Zähnen. »Könnten … könnten Sie warten, bis mein Vater kommt? Er ist unterwegs, er wird Ihnen auch danken wollen.«

Becky war einverstanden. Nicht weil sie wollte, dass der Vater des Mädchens sich bei ihr bedankte, sondern weil das Mädchen so aussah, als brauche sie einen weiblichen Schutz, der außer den Polizisten bei ihr blieb. Es vergingen fünf Minuten, bis ein Jeep hinter Beckys Wagen stoppte. Es war bereits dunkel, aber Becky erkannte, wie ein großer Mann aus dem Wagen sprang und auf den Teenager zurannte. Seine Augen waren nur auf seine Tochter gerichtet.

»Laura … Gott sei Dank!« Er schloss das Mädchen in beide Arme und hielt es ganz fest.

Becky trat ein paar Schritte zurück. Sie wollte Vater und Tochter ein kurzes Lebewohl zuwinken und ihrer Wege gehen. Aber das Mädchen befreite sich aus den Armen ihres Vaters. »Du musst noch Becky begrüßen. Sie ist es, die uns gefolgt ist und Hilfe herbeigerufen hat.«

Der Mann drehte sich zu Becky um. Plötzlich erstarrten beide. Becky blickte in sein Gesicht, in seine Augen. »Nein! Du, Scott?«

»Becky … Wie kommst du …«

»Ich bin geschäftlich hier. Ich …« Becky spürte, wie ihre Beine zitterten und ihr Herz in einem Rhythmus klopfte, den sie nicht kannte. »Ich kann es nicht glauben!«

Laura stand immer noch neben ihrem Vater. Nun schaute sie von Becky zu ihrem Paps und wieder zurück. »Ihr kennt euch?«

»Ja, allerdings. Wir kennen uns.« Scott lächelte und umarmte Becky spontan, wobei in ihnen sofort schöne Erinnerungen aufflammten.

In wenigen Minuten erfuhren Scott und Becky – mitten im vorbeirauschenden Straßenverkehr – dass jeder von ihnen wieder Single sei und dass sie beide tatsächlich im Laufe der Jahre oft aneinander gedacht hatten. Sie fuhren gemeinsam zum Essen und tauschten sich aus. Gegen Ende des Abends brachte Laura auf den Punkt, was geschehen war:

»Wir haben heute ein Wunder erlebt«, sagte sie und trank einen Schluck roten Traubensaft. »Gott hat euch wieder zusammengeführt, indem Becky mir das Leben rettete. So etwas schafft nur Gott.«

Die beiden stimmten Laura zu. An dieses Wunder erinnern sie sich immer wieder. Vor allem jedes Jahr im Juni, wenn sie ihren Hochzeitstag feiern. Es war seltsam und wunderbar zugleich, wie Gott die zwei alten Schulfreunde wieder zusammengebracht hatte.

»Ich brauche einen Freund«

Bonner Davis wusste, dass er nicht mehr lange zu leben hatte. Aber er konnte nichts tun, um seine fatale Situation zu ändern. Er litt an fortschreitendem Kehlkopfkrebs. Der Berg seiner Arztrechnungen wurde immer höher. Für eine kostspielige Versuchsbehandlung, die vielleicht sein Leben retten konnte, hatte er kein Geld.

Bonner lebte als Forstwirt im Ruhestand mit seiner Frau Angela in North Carolina. Sie hatten nur eine kleine Rente, dafür aber einen großen Glauben. Bonner teilte öfters seine Ängste mit seiner Frau. Sie war seine beste Freundin. Obwohl er sich auf den Himmel einstellte, wollte er sie nicht gern allein zurücklassen.

Angelas Antwort war immer dieselbe: »Gott weiß, was wir brauchen, Bonner. Ich bete um ein Wunder und irgendwie … irgendwie glaube ich, dass Gott ein Wunder wirken wird.«

* * *

Im nahe gelegenen Spartanburg feierte der Millionär Olsen Matthews seinen sechzigsten Geburtstag. Er lebte allein und hatte keine engen Freunde. Darum wollte Olsen in seiner Cessna feiern. Er war Sportpilot und fühlte sich besonders wohl, wenn er allein über und unter den Wolken schwebte.

Es war ein strahlender Sonnentag. Olsen spürte den vertrauten Kick, als die Maschine abhob. Nach zwanzig Minuten Höhenflug schwächte sich das Hochgefühl allmählich ab und es überkam ihn eine Art Melancholie. Das passierte Olsen häufig beim Fliegen. »Was ist das für ein Leben?«, fragte er sich. Er verfügte über mehr Geld, als er brauchte. Und doch kannte er keinen einzigen Menschen, den er wirklich als seinen Freund bezeichnen konnte.

Natürlich hatte Olsen Ratgeber und Kollegen, mit denen er Geschäfte machte. Aber er hatte keine Familie, keinen Freund, der sich um ihn kümmerte.

Diesmal beschäftigte Olsen noch ein anderer Gedanke, während er flog und Berge und Täler unter ihm dahinschwanden: *Wie ist das mit Gott?* Sein Leben lang hatte er den Glauben an eine Schöpfung und einen Schöpfer bewusst abgelehnt. An dem Tag, als sein Leben mit sechzig Jahren den Höhepunkt überschritten hatte, stellte sich ihm diese Frage neu.

Was, wenn es Gott tatsächlich gibt? Was, wenn er, Olsen, noch einiges vor seinem Tod in Ordnung bringen müsste, damit er mit diesem Gott im Reinen war? Diese Gedanken machten ihn nervös und er wünschte sich wieder einmal einen guten Freund an seiner Seite. Jemanden, mit dem er sich über solche Fragen austauschen konnte. Vielleicht sogar jemanden, der sich etwas mit Gott auskannte und wusste, warum so viele Menschen an ihn glaubten.

Olsen wollte gerade seine Maschine wenden und über die Berge zurückfliegen, als er einen lauten Knall hörte. Im gleichen Augenblick setzte der Motor aus. Olsen spürte, wie ein Adrenalinstoß durch seine Adern fuhr. Aber er blieb ruhig. Bei ihm war bisher noch nie ein Motor ausgefallen. Und schließlich gab es Wege, mit einer solchen Situation fertig zu werden. Er drückte auf eine Reihe von Knöpfen, die anweisungsgemäß den Motor erneut starten sollten. Doch nichts passierte.

Okay, sagte er sich, *dann ist jetzt Plan B dran.*

Falls der Motor nicht wieder anspringen sollte, war Olsens einzige Hoffnung, das Flugzeug in langsamen Kreisen nach unten zu bringen und notzulanden. Indem er die Windklappen und andere Instrumente nutzte, konnte er die Geschwindigkeit des Flugzeugs drosseln und ruhig dahingleiten.

Dass das Flugzeug in eine falsche Luftströmung geriet und abstürzte, war dabei allerdings nie ganz auszuschließen.

»Gott im Himmel!«, hörte er sich laut sagen und nahm die Angst in seiner Stimme wahr. »Wenn es dich wirklich gibt, dann hilf mir! Ich bin aufs Sterben nicht vorbereitet.«

Zwei Minuten lang verlief alles glatt. Doch plötzlich erfasste, wie Olsen bereits befürchtet hatte, eine starke Luftströmung den rechten Flügel des Flugzeugs und die Maschine begann zu trudeln. Olsen hatte noch einige tausend Meter zu bewältigen, bevor er notlanden konnte. Im Abwärtstaumeln entdeckte Olsen einen See. *Wasser*, dachte er. *Das ist meine einzige Chance.* Eine Landung in den Bäumen oder in den Bergen würde die Cessna nicht überstehen.

»Wasser, Gott … wenn du mich hörst, dann lotse mich zu dem Wasser!«

Jetzt kam die Erde in Windeseile näher. Plötzlich drehte die Maschine nach links und Olsen konnte erkennen, dass er zu dem kleinen See getrieben wurde. Das Letzte, an das er sich erinnern konnte, war das Aufklatschen der Maschine auf dem Wasser, das über der Cessna zusammenschlug. Und an das eiskalte Wasser, das in seine Kabine flutete. Plötzlich kam das Flugzeug zum Stehen und Olsen streckte seinen Kopf durch die geöffnete Tür.

Dann wurde es stockdunkel um ihn.

* * *

Bonner goss sich gerade Eistee ins Glas, als ihm ein kleines taumelndes Flugzeug in den Blick geriet, das im freien Fall in den See am Ende seines Grundstücks stürzte.

»Angela, schnell! Wähl die Notrufnummer! Ein Flugzeug ist in den See gestürzt!«

Bonner war durch seine jahrelange körperliche Arbeit an der frischen Luft immer gut in Form gewesen. Allerdings hatte die Krebsbehandlung ihren Tribut gefordert. Während er zum See eilte, rang er nach Luft. Fünfzig Meter war er schon gelaufen, hundert, zweihundert! Endlich hatte er das Ufer erreicht.

Die Situation war schlimmer als befürchtet.

Ein Flugzeugflügel ragte aus dem Wasser. Allerdings steckte die Cessna dort fest, wo das Wasser tiefer als drei Meter war. Das Flugzeug lag etwa siebzig Meter vom Ufer entfernt im See. Niemand sonst konnte den Absturz beobachtet haben, weil er der einzige war, der am Wasser stand und nach einem Lebenszeichen Ausschau hielt.

Sein Herz raste und er war noch nicht wieder zu Atem gekommen. Aber er hatte keine Wahl. Wer auch in diesem Flugzeug steckte, er würde ganz sicher ertrinken, und zwar genau in diesem Moment! Bevor er ins Wasser sprang, stieß er ein leises Gebet aus. *Gott, falls ich es nicht schaffen sollte, wieder an Land zu kommen, lass Angela wissen, wie sehr ich sie liebe.*

Er sprang in den See und schwamm so schnell er konnte und mit aller Kraft auf das Flugzeug zu. Wegen seiner schlechten Kondition brauchte er zweimal so lange als normalerweise. Nach fünf Minuten erreichte er den Flügel des Flugzeugs. Obwohl seine Lungen von der Anstrengung wie Feuer brannten, holte er so tief Luft, wie er konnte und tauchte in die Tiefe. Sein Herz pochte zum Zerspringen. Ihn drängte eine Unruhe, die ihn tiefer und immer tiefer bis zur Tür des Flugzeugrumpfes trieb. Zum Glück war die Tür zu Seite geschoben.

Aber Bonner hatte keine Luftreserven mehr.

Er schwamm an die Oberfläche. Ihm war speiübel vor Anstrengung. Noch einmal holte er tief Luft und tauchte erneut ab. Diesmal fand er den Piloten. In wenigen Sekunden tastete er sich vor, um sicher zu gehen, dass sich nur ein

Mensch an Bord befand. Mit dem Gefühl, seine Kräfte könnten ihn jeden Moment verlassen, zerrte Bonner den bewusstlosen Mann an die Wasseroberfläche. Damit waren sie aber noch lange nicht an Land. Das beunruhigte Bonner, weil er ganz einfach keine Kraft mehr hatte.

Hilf mir, Gott. Hilf mir! Bonner hauchte diese Worte immer und immer wieder, während er mit dem Mann zum Ufer schwamm. Er hatte keine Zeit festzustellen, ob der Pilot noch atmete.

Mit Kräften, die nicht seine eigenen waren, zog Bonner den Piloten ans Ufer. Dann sank er zu Boden.

Fast zur gleichen Zeit traf der Rettungsdienst ein und übernahm den Fall. »Bonner!«, keuchte Angela, die zur Unfallstelle geeilt war. Sie winkte einen Arzt der Rettungsmannschaft herbei und Bonner hörte, wie sie mit ihm über seine Erkrankung sprach. »Helfen sie ihm! Bitte!«

Der Unfallarzt beeilte sich und verabreichte Bonner rasch eine Kochsalzlösung. Dann wurde er ins nächste Krankenhaus transportiert. Nach vier Stunden war er in der Lage, wieder nach Hause zu fahren. Bevor Bonner das Krankenhaus verließ, erfuhr er etwas über den Zustand des Piloten. Die Ärzte und Sanitäter hatten sein Leben retten können.

Bonner dachte, damit sei der Fall für ihn erledigt. Doch am nächsten Tag stand der Pilot vor seiner Tür.

»Ich heiße Olsen Matthews. Sie haben mir das Leben gerettet!«

Der Mann schüttelte Bonner herzlich die Hand. »Die Leute vom Rettungsdienst haben mir erzählt, dass sie laut gebetet und Gott öffentlich gedankt haben.«

»Ja.« Bonner schaute den Piloten an. Er sah gesund aus. Wie schrecklich, wenn er bei dem Absturz ums Leben gekommen wäre! »Ja, meine Frau und ich, wir haben für Sie und uns gebetet.«

Olsens Augen füllten sich mit Tränen. »Ich danke Ihnen dafür.« Er schritt auf Bonners Haustür zu. »Darf ich reinkommen?«

Die Männer sprachen fast eine Stunde miteinander. Olsen erklärte, dass er von den Ärzten im Krankenhaus von Bonners Krankheit erfahren habe. »Ich habe Ihnen einen Scheck ausgestellt, damit Sie Ihre Arztrechnungen bezahlen können.« Er hob leicht die Schultern und lächelte: »Vielleicht reicht er ja für die medizinische Hilfe, die sie noch benötigen.«

Anschließend stellte Olsen seinem Retter einige Fragen über Gott. Bonner und Angela sprachen daraufhin über ihren Glauben und über ihr Leben, das sie in der Verantwortung vor Gott führten. Am Ende des Gesprächs beteten Olsen und Bonner miteinander.

»Bonner, wollen Sie mein Freund werden? Ein Freund, den ich hin und wieder besuchen darf? Ein Freund, der mir von Gott erzählt?«

Bonners Mund verzog sich zu einem Lächeln. Er drückte Angelas Hand. »Natürlich! Jederzeit.«

»Ich danke dir!« Olsen erhob sich. Er wollte gehen. »Ich habe Gott um einen Freund gebeten, kurz bevor ich abstürzte. Und schon hat er mich erhört und mir dich als Freund geschenkt.« Olsen schritt zur Tür, schaute noch einmal zurück und lächelte. »Ich glaube, er wird auch dich erhören und beschenken, Bonner.«

Als Olsen gegangen war, fiel Bonner der Scheck wieder ein. Er wandte sich an Angela: »Er hat mir etwas geschenkt. Ein Dankeschön.«

»Ja, dann mach es doch auf!« Angela stand neben ihm und schaute auf den zusammengefalteten Scheck.

Bonner öffnete ihn. Er war sprachlos. Wie war das möglich?

Der Scheck war auf eine Million Dollar ausgestellt! Als Verwendungszweck stand nur: »Zur Genesung«.

Natürlich wollten Bonner und Angela das Geld auch dafür nutzen. In den folgenden Monaten unterzog sich Bonner der kostspieligen Versuchsbehandlung.

Drei Jahre später freuten er und Olsen sich nicht nur darüber, dass Gott Olsen durch Bonner auf wunderbare

Weise gerettet hatte. Denn Gott hatte inzwischen auch Bonners Gebet erhört und ihn gesund gemacht.

Außerdem waren sie von Gott mit dem Wunder einer herzlichen Freundschaft beschenkt worden.

Das war knapp!

Während Taylor Evans an einem bewölkten Nachmittag in Oklahoma City auf einen Laternenmast kletterte, beschäftigten ihn zwei Gedanken: Seit sechs Monaten hatte er nichts mehr von seinem besten Freund Aaron gehört. Und, was noch schlimmer war, er konnte jetzt auch keine Nachricht mehr erwarten.

Taylor schaute zu der defekten Stromquelle über sich und kletterte weiter. Nach seinem Universitäts-Abschluss hätte er sich nicht vorstellen können, einmal für die Stromversorgungsgesellschaft zu arbeiten. Aber nun war ausgerechnet das hier sein Job geworden und er war dabei, sich in seiner Firma hochzuarbeiten. Die Arbeit wurde gut bezahlt. Die Aufgaben waren im Allgemeinen leicht zu erfüllen. Außerdem hatte er nach zwanzig Jahren Anspruch auf eine bessere Rente als viele andere.

Heute Nachmittag ging es um die Straßenbeleuchtung. Eine Glühbirne war bereits letzte Woche ausgetauscht worden, aber nun war schon wieder eine durchgebrannt. Taylor sollte nachschauen, welche ausgetauscht werden musste.

Er blinzelte zu den dichter werdenden Wolken über sich und betete im Stillen: *Lieber Gott, bring mich hier wieder heil runter. Lass mich wieder gesund unten ankommen.*

Mit jedem Schritt, den er heraufstieg, kam er der Straßenlampenbefestigung näher. Dabei gingen seine Gedanken erneut auf Wanderschaft und er sah Aaron vor sich. Sie hatten sich jahrelang sehr gut verstanden, besser als Brüder. Der eine wusste, was der andere dachte, noch bevor sie darüber sprachen. Die Schulzeit war für sie rasend schnell vergangen. Die Freunde spielten Football und Basketball und diese Sportarten setzten sie auch gemeinsam am College fort.

Damals, in seiner High-School-Zeit, hätte Aaron leicht ein Stipendium gewinnen können, wenn er nur fleißiger gearbeitet hätte. Seine Durchschnittsnoten waren gerade einmal ausreichend, sodass er Taylor überredete, die ersten beiden Jahre mit ihm auf das College am Wohnort zu gehen, wo sie wieder gemeinsam Football spielen konnten. Dort hatte Aaron außerdem erneut die Chance auf ein Stipendium, wenn er seine Noten aufbesserte.

Das erste Semester lief besser als gedacht. Doch dann passierte der Unfall.

Es war kurz vor Schluss eines Footballspiels. Aaron war ein »Tight End«*. Er musste etwa zehn Meter laufen um den Ball zu fangen. Ein »Linebacker«* der gegnerischen Partei erreichte sein Feld genau in dem Moment, als der Ball geschnappt wurde. Aaron wurde dabei umgerempelt, bekam mit aller Kraft einen Schlag direkt aufs Knie und stürzte zu Boden. Er wurde auf einer Bahre vom Spielfeld getragen und sofort ins Krankenhaus transportiert. Die Ärzte stellten eine niederschmetternde Diagnose.

Sein Knie war zertrümmert. Es waren einige Operationen erforderlich, damit Aarons Bein wieder beweglich würde und er wieder laufen lernen könnte. Aber seine Footballkarriere war damit ein für allemal vorbei.

Das war der Anfang vom Ende, dachte Taylor bei dem Gedanken an seinen Freund und dabei kletterte er weiter

---

* Bezeichnung für eine bestimmte Spielerposition im American Football

den Laternenmast hinauf. Monate- und jahrelang hatte er für Aaron gebetet, ihn von Partys, wo er sich sinnlos betrank, heimgeschleppt, ihn zu Psychologen begleitet, wo er Hilfe gegen die ihn plagenden Depressionen finden konnte. Unermüdlich hatte Taylor ihm von Gott erzählt.

Aber Aaron wollte keine Hilfe. Er wollte sich einfach nicht helfen lassen.

Stattdessen zog er sich jedes Jahr mehr von Taylor zurück. Im letzten Frühjahr hatte Aaron ihm erklärt, dass es mit ihrer Freundschaft endgültig aus und vorbei sei.

»Ich möchte keinen Kommentar dazu, Taylor.« Aarons Stimme klang kalt und bitter, ohne die Spur seines warmherzigen Humors, der ihn in seiner Schulzeit ausgezeichnet hatte. »Lass mich in Ruhe, Taylor. Wir passen nicht mehr zusammen.«

Dreimal hatte Taylor danach noch angerufen. Aber Aaron blieb bei seiner ablehnenden Haltung. Es war wieder Herbst geworden und jetzt erst fing Taylor an, sich an die Entscheidung Aarons zu gewöhnen. Sein Freund, von dem er geglaubt hatte, er wäre ein Freund fürs Leben, hatte sich endgültig von ihm verabschiedet.

* * *

Aaron Grant trat aus der Kirche ins Freie. Er lächelte in den stürmischen Himmel hinein. Wie hatte er so blind sein können? Wie hatte er um ein Haar seine Seele an den Football verkaufen können?

Vor zwei Monaten, als Aaron wieder einmal in einer Bar herumhing, war er so betrunken gewesen, dass er nicht mehr aufrecht sitzen konnte. Da trat sein früherer Coach ein. Der Trainer erkannte ihn sofort. Sein Gesicht zeigte Kummer und Mitleid zugleich. »Aaron, wie geht es dir?«

Aaron reagierte kaum auf die Frage des Coachs. Seine Worte klangen für ihn wie aus weiter Ferne. Nach ein paar Versuchen, mit Aaron ins Gespräch zu kommen, ging sein ehemaliger Trainer achselzuckend davon.

In seinem betrunkenen Zustand realisierte Aaron dennoch, was geschehen war. Der Mann, für den er Football gespielt hatte, der Mann, der mit ihm geträumt und an ihn geglaubt hatte, entfernte sich gerade angewidert von ihm.

Plötzlich kamen alle erbärmlichen Entscheidungen, die er seit seiner Knieverletzung getroffen hatte, in sein Gedächtnis zurück. Dort auf dem Barhocker, auf dem er sich kaum halten konnte, schlug es bei Aaron wie ein Blitz ein. Am nächsten Tag war er am Boden zerstört. Es tat ihm von Herzen Leid, wie er Taylor, seinen besten Freund, behandelt hatte. War dieser nicht immer für ihn da gewesen? Hatte er nicht immer das Beste für Aaron gewollt?

Den ganzen Morgen lang stiegen die Erinnerungen in ihm hoch: Wie Taylor ihn zu seinen Rehabilitationsmaßnahmen gezwungen hatte, wie sie miteinander trainiert hatten und wie Taylor ihn immer angefeuert hatte, schneller und kraftvoller zu laufen.

Jetzt, wo er bereit war, sich zu ändern, wollte Aaron Taylor unbedingt anrufen. Aber er schaffte es nicht.

Noch nicht.

Zunächst wollte er seine Vergangenheit bereinigen, herausfinden, was es mit diesem Gott auf sich hatte, von dem Taylor so oft sprach. Und vor allem wollte er vom Alkohol frei werden. In einigen Monaten würde er es geschafft haben. Da war er sich sicher. Dann könnte er Taylor anrufen und ihm sagen, dass er der beste Freund der Welt sei. Und wenn Gott es wollte, gab es vielleicht sogar eine Idee, *wie* er Taylor dafür danken konnte, dass er ihn nie aufgegeben hatte. Selbst in jenem Moment nicht, als Aaron ihn darum gebeten hatte, ihn endgültig zu vergessen.

Die nächsten Monate vergingen wie im Flug. Den gleichen Eifer, den Aaron einst auf dem Football-Feld gezeigt hatte, legte er nun an den Tag, um sein Leben in Ordnung zu bringen. Er suchte Beratungsstellen auf, um seine Depression zu überwinden und vom Alkohol frei zu werden. Auch eine Arbeit in einem Supermarkt nahm er an. Abends besuchte er wieder das College und dreimal in der Woche ging er in der Kirchengemeinde nahe seiner Wohnung zu Gottesdiensten und Bibelstunden.

Es war an einem Nachmittag, als sich dicke Wolken zusammenzogen und über den Himmel stürmten, an dem Aaron vor dem Kirchenportal beschloss: *Jetzt ist der richtige Zeitpunkt.* Er konnte es kaum erwarten, nach Hause zu kommen und Taylor anzurufen. Diesen Entschluss fasste er vorhin in seiner Gemeinde, als der Bibelvers für den Tag vorgelesen wurde. Es war der Vers, in dem es heißt, dass man einander jeden Tag Mut machen soll. Mutmachen war vor allem Taylors Stärke. Er war für Aaron ein richtiger Mutmacher gewesen, obwohl er dieses Geschenk zurückgewiesen hatte.

Es war höchste Zeit, wieder Verbindung mit Taylor aufzunehmen. Aaron empfand, dass es jetzt der richtige Zeitpunkt war, das zurückzugeben, was Taylor für ihn getan hatte. Außerdem wollte er jetzt wieder neuen Lebensmut fassen. Während er durch die Stadt fuhr, begann es zu regnen. In der Ferne erhellten einige Blitze den Nachmittagshimmel.

Aaron lächelte und pfiff ein Lied über Gottes Güte vor sich hin. Kein Sturm konnte seine innere Freude abschwächen. Es waren noch zehn Minuten bis zu Hause, zehn Minuten, bis er Taylor anrufen und alles wieder in Ordnung bringen würde. Aaron konnte es kaum erwarten.

* * *

Der Sturm machte Taylor langsam nervös. Dicke Wolken, aus denen Blitze zuckten, trieben mit jedem Augenblick näher heran.

Inzwischen war Taylor an der Spitze des Laternenmastes angelangt. Er wusste, was von ihm gefordert war: Bei Gewitter verlasse sofort den Mast! Doch Taylor war inzwischen lange genug im Geschäft, um zu wissen, wie viel Zeit ihm noch blieb. Mindestens zehn, wenn nicht fünfzehn Minuten noch. Natürlich war er nervös. Aber er war nicht leichtsinnig.

Er öffnete die Glashaube der Straßenlaterne und sah das Problem – durchgebrannte Drähte! Sie waren so stark beschädigt, dass nichts mehr ging. Taylor machte sich gleich an die Arbeit und behielt dabei immer den Sturm im Blick. *Noch drei Minuten, lieber Gott. Beschütze mich in diesen drei Minuten. Dann bin ich fertig und kann wieder herunterklettern.*

In dem Augenblick klingelte sein Handy.

Sein persönliches Telefon hatte für ihn, den Spezialisten seiner Firma, zwei unterschiedliche Klingeltöne. Einen für allgemeine Anrufe und einen für Notfälle. Dieses Mal waren es die kurzen, abgehackten Ruftöne. Taylor seufzte frustriert. Ein Notfall? Ausgerechnet jetzt? Wo er gerade so kurz vor dem Abschluss seiner Arbeit war und ohnehin herunterklettern wollte?

Einen Augenblick lang dachte er daran, den Anruf zu ignorieren. Aber das ging einfach nicht. Jemand konnte einen Stromschlag erlitten haben oder sonst wie verletzt worden sein. Wenn der Anruf auf der Notfallleitung war, musste er ihn annehmen. Er zog sein Telefon aus der Tasche, hielt sich am Mast und an seinem Sicherheitsseil fest und brummte ein kurzes »Hallo?«

Am anderen Ende ertönten ein paar Worte, aber Taylor konnte nichts verstehen. Wie das nervte! Das passierte hin und wieder, wenn die Versorgungsleitung mit dem Telefonempfänger nicht korrespondierte.

»Sch … Scheibenkleister!« zischte er und begann den mühsamen Abstieg vom Mast. Auf dem Boden angekommen, begann es zu regnen. Er rannte in sein Auto, um zu telefonieren. Genau in diesem Augenblick sträubten sich Taylors Nackenhaare. Noch bevor er richtig hinschauen konnte, fuhr in einer Distanz von etwa sechs Metern ein Blitz in den Stromversorgungsmast, an dem er noch vor einer Minute gearbeitet hatte!

Es war genau die Stelle, an der er jetzt noch hinge, wenn das Telefon nicht Alarm geschlagen hätte.

Sekundenlang starrte Taylor nur auf die rauchende

Spitze des Mastes. Er wäre sofort tot gewesen. Nur allmählich ließ der Schock nach. Taylor atmete tief durch und schloss die Augen. *Mein Gott, du hast mich vom sicheren Tod errettet. Danke, Herr … und danke für den, der mich angerufen hat …*

Plötzlich hielt er inne: Er hatte ja noch gar nicht auf den Anruf reagiert! Irgendwo war jemand in Not und sie hatten sich auf ihn verlassen, dass er ans Telefon ging! Er drückte einige Tasten an seinem Handy, um den letzten Anrufer zu ermitteln. War das nicht eine ihm vertraute Ortsnummer? Es fiel ihm nicht ein, wo er sie einordnen sollte.

Er drückte auf den Rückruf-Knopf und wartete ab.

Beim dritten Klingeln meldete sich Aaron Grant.

»Hallo?«

»Aaron?« Bei Taylor fiel der Groschen. Natürlich, das war Aarons Nummer! Eine Nummer, die Taylor selten benutzt hatte, seitdem Aaron sich zurückgezogen hatte.

»Taylor, du wirst es nicht glauben.« Seine Stimme klang frisch und ernsthaft. Viel klarer als Taylor sie in den letzten Jahren vernommen hatte. »Ich habe mich verändert, Taylor. Ich musste dich anrufen und es dir sagen. Können wir uns in dieser Woche irgendwo zum Essen verabreden?«

Ob wir uns zum Essen verabreden können? Taylor schüttelte leicht den Kopf und versuchte, auf diese Weise seine wirren Gedanken zu ordnen. Irgendetwas schien hier nicht zu stimmen. »Hast du nicht soeben meine Notrufnummer gewählt?«

Am anderen Ende entstand eine Pause. »Nein, deine normale Handynummer.«

»Das ist nicht möglich.« Taylor blinzelte durch seine Frontscheibe zu der schwarzen Stelle oben am Telegrafenmast. »Ich habe an einer Stromleitung gearbeitet. Ich wäre nicht vom Mast gestiegen, wenn …«

Plötzlich setzte sich das Puzzle zusammen.

Der Anruf war durch eine himmlische »Fehlschaltung« als Notruf durchgedrungen. Es war ein von Gott gewirktes

Wunder. Taylor spürte einen Kloß im Hals und merkte, wie seine Hände feucht wurden. Wie erstaunlich, dass Gott ausgerechnet Aaron auf seine Weise für ihn eingesetzt hatte! Noch dazu zu einer Zeit, in der es so schien, als ob sie nie wieder miteinander reden würden. »Weißt du was, Aaron?« Taylors Worte waren wohl überlegt und sehr ernst gemeint, als er zu seinem verloren geglaubten Freund sagte: »Ich glaube, du hast mir das Leben gerettet.«

»Nein, nein. Nun übertreib mal nicht.« Aaron war irritiert. »Ich rufe dich an, um dir zu danken, dass du *mir* das Leben gerettet hast. Ich hoffe ... ich hoffe du kannst mir vergeben.«

»Weißt du was?« Taylor steckte seinen Schlüssel in die Zündung. »Komm, wir treffen uns jetzt sofort zum Essen. »Du wirst es nicht glauben, was gerade passiert ist.«

Ein Wunder der Liebe

Sarah Johnson betete von ganzen Herzen zu Gott um einen Freund für ihren Sohn Robbie.

Sarah und ihr Mann Karl, leidenschaftlicher Computerspezialist, waren aus beruflichen Gründen von der Insel Rhode an die Pazifikküste im Nordwesten umgezogen.

Durch den Umzug hatte ihr Sohn Robbie alle seine Freunde zurücklassen müssen. Darum betete Sarah jeden Tag: »Lieber Vater im Himmel, lass Robbie hier bald einen Freund finden.«

Robbie war kein Junge wie alle anderen. Er konnte nicht laufen, sprechen und denken wie andere Kinder, weil er mit einem Down-Syndrom geboren wurde. Auf Rhode Island konnte er eine normale staatliche Schule besuchen. Dort hatte er in einer Integrationsklasse besonderen Unterricht erhalten. Seine Mitschüler waren mit ihm vertraut und hatten ihn als Gruppe voll akzeptiert. Er wurde zu Geburtstagsfesten eingeladen und war bei Schulveranstaltungen immer von anderen Kindern umgeben.

»Ich habe viele Freunde«, sagte Robbie damals stolz. »Durch Freunde zeigt Gott uns, dass er uns lieb hat.«

»Ja, das stimmt«, bestätigte ihn Sarah. »Und Gott hat dich besonders lieb, Robbie.«

Dann strahlte Robbie und die Welt war für ihn in Ordnung.

Doch seit dem Umzug war er in sich gekehrt und still. Nach der Schule fragten ihn Sarah oder Karl häufig: »Na, wie war's heute in der Schule?« Statt einer Antwort guckte Robbie schweigend zu Boden und war für einige Augenblicke ganz in Gedanken verloren, bis er endlich aufblickte und klagte: »Schlecht. Keine Freunde.«

Inzwischen wohnten die Johnsons bereits drei Monate in ihrer neuen Umgebung und Robbie war seit vier Wochen in der neuen Schule. Da rief Robbies Lehrerin an und bat die Eltern um ein Gespräch. Sie legte ihre Hände auf einen Stapel von Robbies Schreibheften und meinte: »Robbie scheint sehr einsam zu sein. Leider versucht er bisher gar nicht, mit den Kindern seiner Klasse Kontakt aufzunehmen.«

Sarah und Karl sagten zunächst nichts dazu. Bis Karl meinte: »Ich glaube, er vermisst seine Freunde von Rhode Island.« Er lächelte zaghaft. »Robbie verstand sich sehr gut mit ihnen.«

Die Lehrerin nickte verständnisvoll. »Vielleicht ist es an der Zeit, Robbie noch anderweitig zu fördern. Vielleicht durch Musikunterricht. Oder durch Malen und Zeichnen. Kinder mit Downsyndrom entdecken normalerweise gern ihre künstlerischen Begabungen.«

Sarah versuchte, sich Robbie beim Klavierspielen und Zeichnen vorzustellen. Robbie war motorisch sehr aktiv, ein Kind, das mit der normalen Anzahl an Chromosomen womöglich der schnellste Läufer seiner Klasse und eines Tages vielleicht sogar ein beliebter Football-Spieler an seiner Schule geworden wäre. Sport lag ihm im Blut. Leider hatte ihm das Leben keine Chance geboten, diesem Wunsch nachzugehen.

»Robbie ist ein motorisch sehr aktives Kind.« Damit brachte Karl zum Ausdruck, was auch Sarah sagen wollte. »Kunst ist etwas sehr Schönes. Nur braucht Robbie Kontakt zu Kindern, mit denen er sich austoben kann.«

Wieder nickte die Lehrerin verständnisvoll und versprach, sich um entsprechende Möglichkeiten zu kümmern. »Bis dahin wollen wir gemeinsam hoffen, dass er sich seinen Klassenkameraden öffnet. Das würde ihm sehr helfen.«

Abends kam Robbie aus der Schule und fand seine Mutter im Wohnzimmer. »Ich will beim Staffellauf mitmachen, Mama. Bitte, darf ich?«

Sarah erschrak. Wie wollte Robbie bei einem Wettlauf der Schulen mithalten? Selbst wenn sein Team nicht sehr schnell lief und sie die Letzten würden, hätte Robbie keine Chance durchzuhalten. Und außerdem würde die Schule ihn gar nicht mitmachen lassen wollen. Sie streckte ihre Hand nach Robbie aus und biss sich auf die Unterlippe. *Lieber himmlischer Vater, gib mir jetzt die richtigen Worte.* Erst als sie spürte, dass ihre Stimme normal klang, schaute sie Robbie liebevoll an. »Mein Kind, ich bin mir nicht sicher, ob Wettlaufen das Richtige für dich ist.«

»Aber dabei könnte ich Freunde finden.« Er drehte sich um und machte vier schnelle, torkelnde Schritte. »Guck, Mami. Ich kann ganz schnell rennen. Wirklich, ich kann es!«

Sarah schluckte. »Wir sehen mal zu, Robbie. Ich spreche heute Abend mit Vati darüber.«

Als Robbie bereits zu Bett gegangen war, erzählte Sarah ihrem Mann von der Absicht ihres Sohnes. »Er will beim Schulwettlauf mitmachen, Karl. Das können wir nicht zulassen. Er wird sich zum Narren der Schule machen. Und außerdem werden die anderen Läufer im Team ein Problem haben, mit einem behinderten Jungen zu rennen.«

Karl stellte die Ellenbogen auf den Tisch und stützte den Kopf in seine Hände. »Ich weiß es nicht. Vielleicht sollte man es sogar versuchen.« Er zuckte die Schultern. »Möglicherweise wäre es gar nicht so schlecht für ihn!«

Sarah verstand ihren Mann nicht mehr. Wo lag der Sinn? Der Junge brauchte Freunde. Keine Kritiker. Ein Läuferteam kann keine lahmen und schwerfälligen Läufer wie Robbie gebrauchen!

Am nächsten Morgen rief Sarah im Sekretariat der Schule an und erkundigte sich nach dem Wettlaufprogramm. Zu ihrem Erstaunen erfuhr sie, dass Robbie herzlich willkommen war.

»Wir würden ihn in seine eigene Kategorie für behinderte Kinder einstufen«, erklärte die Sekretärin der Schule. »Wenn nicht andere Kinder mit ähnlichen Behinderungen beim Lauf mitmachten, würde er in jedem Fall den ersten Platz erhalten.«

In jedem Fall den ersten Platz? Einen Wettlauf für sich allein laufen? Sarah war sich nicht sicher, ob Robbie das wollte. Aber wenigstens würde er aufgestellt und war mit dabei. Am Abend sprach sie mit Robbie und Karl darüber.

»Es kann sein, dass du als einziger ganz besonderer Junge allein ein Team bildest und deshalb allein an den Start gehen musst«, versuchte Karl Robbie klar zu machen. »Würde es dir etwas ausmachen, allein zu rennen?«

Robbie legte den Kopf nach hinten und schaute zur Decke, als ob diese Entscheidung eine Extra-Überlegung erforderte. Anschließend schaute er Karl wieder an. »Werde ich aufgestellt?«

»Ja.« Karl lächelte ihn an. »Ja, du wirst aufgestellt.«

»Okay.« Robbie hob die Hand und machte das Siegeszeichen. »Ich werde dabei sein!«

Die erste Trainingswoche war die bislang beste Woche an der neuen Schule. Jeden Tag kam er ein wenig begeisterter nach Hause. Er hatte die Chance, ein Rennen zu laufen! Die Möglichkeit, dabei zu sein! Sarah und Karl hätten gern beim Training zugeschaut, um zu sehen, wie die anderen Kinder Robbie akzeptierten. Aber das verkniffen sie sich. Er musste die Sache ohne ihre Hilfe durchstehen, wenn er überhaupt durchkommen wollte.

Am nächsten Freitag sollte der erste Lauf stattfinden. Sarah und Karl nahmen im Stadion Platz und warteten auf Robbie. Sein Coach hatte gesagt, dass er bei den ersten Starts dabei sein würde. Darum brauchte er nicht zu lange zu warten, um zu begreifen, dass er ein Teil des Ganzen war.

Sarah war nervös. Sie entdeckte ihren Sohn in einer Traube von Kindern, die Dehnübungen mit einem der Coachs machten. Sie versuchte herauszufinden, ob die anderen kleinen Sportler ihn akzeptierten. Kurz darauf sah sie, wie eines der Mädchen sich an seine Seite stellte. Robbie hatte das falsche Bein gestreckt, und sie korrigierte ihn behutsam.

»Karl, schau mal!«, flüsterte Sarah und zeigte in Robbies Richtung.

»Ja, ich sehe.« Er grinste.

In diesem Augenblick nickte Robbie und strahlte das Mädchen mit einem Lächeln an, das das ganze Spielfeld erhellte! Sarah fühlte sich erleichtert. Es klappte also. Robbie gewann tatsächlich Freunde. Immerhin blieb noch offen, ob der Wettlauf eine gute Sache für Robbie sein würde. Aber das würde sich erst nach dem Rennen herausstellen.

Zwanzig Minuten später rief der Lautsprecher die Läufer für den Spezial-100-Meter-Lauf zusammen. Wieder begann Sarah innerlich zu zittern. *Bitte, lieber Gott, lass es ihm gut gehen. Hilf ihm, darüber hinwegzusehen, dass er der Einzige in seiner Kategorie ist.*

»Was ist denn da los?«, meinte Karl verwundert und beugte sich weiter vor – auf die Startlinie deutend. Eine Mannschaft machte sich startklar. Direkt dahinter sollte Robbie starten. Wie vorgesehen nahm er etwa vierzehn Meter hinter der Startlinie seine Position ein. Vier weitere Läufer machten sich neben ihm zum Laufen fertig.

»Merkwürdig.« Sarah blinzelte zu den Schülern hinüber und sah, dass sie mit Robbie redeten. Das erste Team lief los und Sarah beobachtete, wie Robbie seinen Platz an der Startlinie einnahm.

Neben ihm gingen vier andere Läufer ebenfalls in die Hocke.

»Ich dachte ...« Weiter kam Karl nicht.

Der Startschuss fiel und die Läufer rannten los. Robbie führte. Mit aller Kraft brachte er sich schwerfällig und keuchend voran, das Gesicht nach unten gerichtet. Er war ganz bei der Sache. Hinter ihm, im sicheren Abstand von einigen Metern, joggten die übrigen Läufer. Mit ernsten Gesichtern, als sei dies ein Rennen, für das sie die ganze Woche hart trainiert hätten.

Wenn es den vier Läufern nichts ausmachte, mit Robbie die hundert Meter zu laufen, war es auch für Sarah nicht mehr schmerzhaft. Sie fühlte sich wie im Traum. Ihr Robbie lief beim Wettlauf mit, zusammen mit anderen nicht behinderten Kindern und – gewann! Er torkelte mit erhobenen Armen durch die Ziellinie und sofort umringten ihn die vier anderen Läufer und umarmten ihn in der Gruppe. Einer von ihnen ergriff Robbies Hand, hob seinen Arm hoch und tanzte mit ihm einen Siegestanz.

Sarah hielt sich die Hand vor den Mund und blinzelte durch Tränen hindurch. Was war auf der Rennbahn geschehen? Sie schaute Karl an und sah, wie sich seine Backenknochen heftig bewegten. Er räusperte sich. Sein Kinn zitterte ein wenig. »Das war …« Er wartete, bis er sich ganz unter Kontrolle hatte. »… einfach wunderbar.«

Wenige Minuten später, Robbie war noch auf dem Sportplatz, stellte sich ein Schüler, der mit Robbie gelaufen war, in ihre Nähe. Sarah konnte nicht anders und winkte ihn zu sicher heran.

»Hallo!« Sie nickte dem Jungen zu. »Ich bin Robbies Mutter.«

Der Junge blieb stehen und lächelte: »Hallo.«

»Also …« Sarah suchte nach Worten. »Wie kamt ihr Vier auf die Idee, mit Robbie das Sonderrennen zu laufen?«

»Ach so.« Jetzt verstand er ihre Frage. »Unser Coach meinte, dass wir alle etwas Besonderes sind. Er sagte zu uns: ›Die Jungen und Mädchen, die in dieser Woche am besten trainieren, dürfen mit Robbie laufen.‹«

Sarah spürte einen Kloß im Hals. Sie konnte es kaum fassen! Sie griff nach Karls Hand und drückte sie. Das war für ihn das Zeichen, dass seine Frau sprachlos war.

Karl lehnte sich über die Zuschauertribüne und fragte

leise: »Hat der Coach euch gesagt, dass ihr Robbie gewinnen lassen sollt?«

»Nein. Überhaupt nicht.« Robbies Mitstreiter schaute ihn dabei ganz ernst an, als sei die Antwort klar. »Wir haben ihn angefeuert.« Danach machte er eine Pause und sagte dann: »Wir waren seine Cheerleader.«

»Aha.« Für einen Augenblick schwieg Karl still. Er löste seinen Griff von Sarahs Hand. »Vielen Dank! Ich bin sicher ... ich bin sicher, das hat Robbie sehr viel bedeutet.«

Die Saison ging weiter, und jede Woche passierte das Gleiche. Der Coach suchte jedes Mal die vier besten Läufer der Woche aus und erlaubte ihnen, mit Robbie das Spezialrennen zu laufen. Immer blieben sie wenige Meter hinter ihm zurück, feuerten ihn an und machten ihm Mut. Und immer gewann Robbie den ersten Platz, mit hoch erhobenen Fäusten, das strahlende Lächeln des Siegers auf dem Gesicht.

Sarah fragte Robbie oft nach seinem Sporttraining, ob er sich in seinem Team wohl fühle. Und jedes Mal antwortete Robbie begeistert mit Ja. »Ich habe Freunde, Mama. Ein ganzes Team von Freunden!«

Schließlich kam der letzte Lauf der Saison. Eine Viertelstunde nach dem Start suchte der Coach Sarah und Karl auf der Zuschauertribüne auf. Dieser Mann war so menschlich! Eine direkte Antwort auf ihr Gebet um Freunde für Robbie. Während der Saison hatten sie dem Trainer gegenüber immer wieder ihre Dankbarkeit zum Ausdruck gebracht.

Nun kam er begeistert zu ihnen gelaufen. »Wir möchten, dass Robbie bei der 400-Meter-Staffel mitmacht. Ist das okay für Sie?«

Sarah war ganz verwirrt. Hatte sie richtig verstanden? »Den Vierhundert-Meter-Staffellauf? Sie meinen den für behinderte Kinder?«

»Nein«, lachte der Coach und strahlte. »Den ganz normalen 400-Meter-Staffellauf. Das Abschluss-Event des Rennens.«

»Aber, Herr …« Karl zögerte. »Diesen Lauf hat Ihr Team noch nie verloren.«

»Genau.« Der Coach schaute von Sarah und Karl weg auf die Rennbahn, wo Robbie wartete. Wahrscheinlich hoffte der Junge, dass sein Trainer zur Bestätigung beide Daumen hob. Der Coach schaute wieder Sarah und Karl an. »Die andere Schule hat bereits verloren. Wir müssen der Punkte wegen mitlaufen, aber der Gewinner steht bereits fest.« Er lächelte. »So lange wir das Rennen vollständig mitmachen, holen wir uns abschließend automatisch den ersten Platz und kommen weiter.«

Sarah und Karl gaben ihre Zustimmung. Zwei Stunden später, nachdem Robbie seinen Speziallauf beendet hatte, stellte er sich mit den anderen Läufern zum 400-Meter-Lauf auf.

Vor dem Startschuss betete Sarah: *Lieber Gott, diese Chance, es mit nicht behinderten Kindern aufzunehmen, hatte Robbie auf diese Weise noch nie. Bitte … lass es eine gute Erfahrung für ihn werden.*

Der Startschuss wurde abgefeuert und schon rannte Robbie los. Seine Beine bewegten sich schneller als je zuvor. In der Hand hielt er den Stab und mit jedem Schritt warf er sich nach vorn. An drei Stationen der Aschenbahn legten seine Teamkameraden ihre Hände um den Mund und feuerten ihn an. Plötzlich, etwa fünfzig Meter vor seinem Zielpunkt, stolperte Robbie und flog mit ausgestreckten Händen über die Aschenbahn. Er rutschte über die raue Rennbahn und blieb schließlich bewegungslos liegen.

Sarah schnellte hoch. Sie rang nach Luft, hielt sich die Hände vor den Mund und drängte sich an Karl. »Ist alles in Ordnung?«, fragte sie tonlos.

Karl schüttelte erregt den Kopf und beugte sich vor. »Mach weiter, Robbie! Steh auf! Das Team braucht jetzt einen guten Abschluss.«

In diesem Moment geschah etwas Erstaunliches. Von den drei Punkten an der Aschenbahn, an denen die übrigen Läufer gewartet hatten, liefen seine Mitschüler auf Robbie zu. Gemeinsam halfen sie ihm auf die Füße. Einer fand den Stab im Gras, wo Robbie hingefallen war. Erst jetzt erkannte Sarah Robbies Verletzungen. Seine Knie und Oberschenkel waren schlimm zerschrammt und bluteten. Genau wie seine Hände und Arme.

»Karl!« Sarah sprang wieder auf. »Er kann so nicht laufen!«

Karl hielt ihr seine Hand entgegen und zwang sie, sich wieder hinzusetzen. »Warte. Das ist schon in Ordnung so, Sarah. Schau mal, was jetzt passiert.«

Als seine Teamkameraden erkannten, dass Robbie nicht mehr laufen konnte, bildeten zwei der Jungen mit ihren Armen einen Sitz und gemeinsam eilten alle vier Läufer zur nächsten Station. Als sie dort ankamen, reichte Robbie einem der Jungen, die ihn trugen, den Stab.

An dieser Stelle sprangen die Fans auf, johlten und jubelten dem Team zu, während die drei gesunden Läufer, Robbie in ihrer Mitte tragend, mit schweren Schritten weiter vorwärts liefen.

Etwa hundert Meter weiter wurde der Stab dem nächsten Jungen, der Robbie trug, übergeben. Und kurz vor den letzten hundert Metern reichte dieser Junge den Stab dem vierten Kameraden.

Am Ziel angelangt, rissen alle vier Läufer ihre Arme hoch und umarmten einander. Sie sprangen als Gruppe auf und ab und stießen ihre Fäuste in die Luft.

Sarah und Karl beobachteten alles von ihren Tribünenplätzen aus. Die vielen Menschen, die sie umgaben, verstanden genau, was da gerade passiert war. Die Läufer auf der Rennbahn waren mehr als Gewinner. Sie waren ein Team und mehr als das: Sie waren Freunde.

Sarah und Karl hatten um das Wunder gebetet, dass ihr Sohn akzeptiert würde. Dieses Gebet war nun hundertfach erhört worden.

Ein Freund in Not

In zehn Minuten sollte der Gottesdienst beginnen. Adam Murphy konnte es noch immer nicht fassen, dass er wieder in einer Kirchenbank saß. Er hatte sich geschworen, nie, nie mehr den Fuß in einen Gottesdienst zu setzen. Und nun saß er doch wieder hier. Niemand hatte ihn dazu gezwungen. Er war ganz freiwillig gekommen. Das hatte allein die Liebe eines ganz besonderen Freundes geschafft. Es war ein erstaunliches Ereignis, sozusagen ein Wunder.

Der Organist spielte im Hintergrund langsam und ausdrucksvoll auf der Orgel. Adam schaute sich gerade nach ihm um, als jemand die Kirche betrat. Es war der Mann, der Adam genau in dem Augenblick zum Freund geworden war, als er nichts als Verurteilung und Verachtung verdient hatte. Es war Will Fredericks. Gerade schlurfte er durchs Kirchenschiff, erblickte ihn und lächelte. Langsam und beschwerlich ging Will auf den Platz zu, wo Adam saß.

»Du bist tatsächlich gekommen!« Adam rückte beiseite und Will setzte sich auf den Platz neben ihm.

»Ich wollte es nicht verpassen.« Will drückte Adam die Hand. »Ich habe das Gefühl, als habe Gott noch ein Wunder auf Lager.«

Adam verstand nicht, was Will damit sagen wollte, fragte aber auch nicht zurück. Stattdessen blickte er auf das raue

Holzkreuz an der Wand. Und nach und nach zog die Vergangenheit an ihm vorüber, bis zu jenem Sommer, in dem er seinen fünfundzwanzigsten Geburtstag feierte.

Das war das Jahr gewesen, in dem sich sein Leben grundlegend geändert hatte.

Kurz vorher hatte sich Adam als der glücklichste Mensch der Welt gefühlt. Nach einer harten Kindheit und wilden Teenagerjahren, die geprägt waren von Drogenmissbrauch und kleinen Diebstählen, war Adam mit zweiundzwanzig Jahren quer durch die Vereinigten Staaten bis nach Portland, Oregon, gezogen. Dort hatte er sich eine kleine Wohnung in einer billigen Wohngegend genommen. Zwei Tage nach seinem Einzug war er Will Fredericks begegnet.

Will war nun bereits Ende siebzig. Seit fünfundfünfzig Jahren war der Polizeibeamte im Ruhestand glücklich verheiratet. Will und Wanda mochten Adam von Anfang an. Sie luden ihn zum Gottesdienst ein und anschließend zu einem Sonntagsessen in ihre Wohnung. Adam fiel es nicht schwer, ihr Angebot zum Essen anzunehmen. Aber mit zur Kirche gehen wollte er nicht.

»Gott weiß gar nicht, was er mit einem Kerl wie mir anfangen soll.« Adams Mundwinkel hoben sich zu einem halbherzigen Lächeln. »Er fühlt sich bestimmt viel wohler mit Leuten wie dir und Wanda.«

Will ließ nicht locker, ihn immer wieder einzuladen. Drei Monate nach seinem Umzug nach Portland dachte Adam über sein bisheriges Leben nach und zog Bilanz. Er hatte einen Job, er war frei von Drogen und er hatte einen guten Freund – Will Fredericks. Nach der Arbeit bei einem Autohändler trafen sich Will und Adam fast jeden Abend. Manchmal sprachen sie über das Tagesgeschehen, manchmal spielten sie Karten oder tranken eine von Wandas vorzüglichen Limonaden.

Es wurde Sommer und Will schlug Adam vor, in der Stadt am Ufer des Flusses ein Festival zu besuchen. Auf diesem Fest sprach an jenem Abend ein bekannter Evangelist. Adam fühlte sich von seiner Botschaft angezogen.

»Wer Sie auch sind, wer Sie gewesen sind oder was Sie getan haben – Gott überrascht das nicht. Er kennt Sie schon.« Der Mann lächelte. Etwas, das in seinen Augen blitzte, erinnerte Adam an seinen Freund Will. »Und das Beste ist – Gott liebt Sie, wie Sie sind. Er liebt Sie und wartet auf Sie, dass Sie aufstehen und jetzt zu ihm kommen.«

Adam drängte sich weiter nach vorn, gemeinsam mit all den Menschen, die auch von den Worten des Evangelisten angezogen wurden. Plötzlich merkte er, dass er neben einer blonden, blauäugigen Frau in seinem Alter stand. Adam lächelte sie an: »'ne Menge Leute hier.«

»Ja«, erwiderte sie schüchtern. »Ich bin gespannt, was er *heute* Abend sagt.«

»Heute Abend?«

»Ja.« Das junge Mädchen lächelte. »Er ist doch jedes Wochenende hier.«

Adam schaute sich die kleine Menschengruppe an, die sich um den Redner versammelt hatte. »Oh, das wusste ich nicht.«

»Ich habe ihn letztes Jahr gehört. Es ist immer großartig, was er sagt.«

Die kurze Unterhaltung war damit zu Ende. Adam spürte es. Er zögerte, aber nur eine Sekunde lang. Dann streckte er seine Hand aus. »Ich bin Adam Murphy.«

»Hi.« Wieder ein schüchternes Lächeln. »Ich bin Brenda Gellen.«

Adam deutete zum Flussufer. »Wollen wir ein wenig spazieren gehen?«

»Gern.«

Dort sprachen sie eine Stunde lang miteinander.

Adam erzählte ihr von seiner Vergangenheit und wie er sein Leben in Ordnung gebracht hatte.

»Aber manchmal fühle ich mich so leer!«

Brenda hörte sich Adams Geschichte an, nickte und hörte auch dann weiterhin aufmerksam zu, wenn er vielmehr ihre Kritik oder ihre Verurteilung erwartet hätte. Als er schwieg, erzählte sie ihm von sich. Brenda ging das zweite Jahr auf das *Portland Community College*. Sie wollte Krankenschwester werden und war in ihrer Kirchengemeinde sehr engagiert.

Sie schaute über das Wasser, das in ihren Augen reflektiert wurde. »Mein Vater ist der Pastor der Gemeinde.«

»Wirklich?« Adam riss die Augen weit auf. Ihr Vater war Pastor? Er widerstand dem Drang, sich umzudrehen und davonzulaufen. Wenn er das gewusst hätte! Nie im Leben hätte er sich so lange bei einem frommen Mädchen aufgehalten. Schon gar nicht bei einer, deren Vater Pastor war!

Brenda lachte laut. »Mach dir keine Sorgen! So schlecht ist er gar nicht.«

Adam spürte eine kleine Erleichterung. Was war daran so schlimm, wenn der Vater Gemeindepastor war? Sie war bisher das einzige Mädchen, mit dem er, seitdem er von Nordwesten gekommen war, geredet hatte. Der Glanz ihrer Augen hatte ihm den Atem geraubt. Er nahm das Gespräch wieder auf. »Wie heißt die Gemeinde deines Vaters?«

Brenda nannte ihm den Namen. Adam sperrte den Mund auf. Es war genau die Kirche, zu der Will und Wanda gehörten! Die Gemeinde, in die sie ihn seit langem immer wieder einluden.

Adam und Brenda sprachen den ganzen Nachmittag miteinander und besuchten abends den evangelistischen Gottesdienst, bevor sie sich verabschiedeten. Adam wollte sie um ihre Telefonnummer bitten, um sie wieder zu sehen. Aber sie hatte es plötzlich sehr eilig und sie trennten sich ohne Verabredung. Am Samstag besuchte er Will und Wanda und erzählte ihnen von dem Mädchen.

»Oh, Brenda! Ja, sie ist ein wundervolles Mädchen!« Will nickte. Seine Augen strahlten. »Ich nehme an, das heißt, dass du morgen mit uns zum Gottesdienst gehen willst?«

Adam konnte nichts dagegensetzen. Am nächsten Tag zog er seine besten Jeans und ein frisches T-Shirt an und rannte zur Kirche. Nach dem Gottesdienst sah er Brenda, die draußen mit einer Gruppe Mädchen plauderte. Als sie sich zurückziehen wollte, zögerte Adam nicht lange.

»Ich habe beim letzten Mal etwas vergessen.«

»Wirklich?« Ihr Lächeln verriet ihm, dass sie wusste, was er haben wollte.

»Ja, wirklich. Kann ich deine Telefonnummer haben?«

Brenda überlegte – aber nicht sehr lange.

Sie verabredeten sich fürs Wochenende und bereuten es nicht. Adam blieb Brenda gegenüber sehr zurückhaltend. Er wollte zunächst mehr von Gott verstehen und wissen, was ein Leben mit ihm bedeutet. Adam besuchte regelmäßig die Bibelstunden und sprach viel mit Will über den Glauben. Adam wurde Christ. Nach sechs Monaten taufte Brendas Vater ihn im Anschluss an einen Sonntagsgottesdienst.

Will war der Erste, der ihn nach seiner Taufe ansprach. »Ich freue mich sehr für dich! Und wie ist das jetzt mit deinem Gefühl der Leere?«

Adam lächelte und er spürte, wie die Wärme dieses Lächelns durch seinen Körper strömte. »Sie ist nicht mehr da!« Er umarmte Will. »Danke, dass du für mich gebetet hast, Will. Alles ist neu geworden.« Er dachte an Brenda. »Alles.«

Die Freundschaft zwischen Brenda und ihm festigte sich. Genau an dem Tag, an dem sie sich zwei Jahre zuvor kennen gelernt hatten, bat Adam Brenda, seine Frau zu werden. In jener Woche schrieb er etwas in sein Tagebuch, das er sich später noch häufig anschauen sollte: »Ich habe nie gewusst, dass ich so stark empfinden könnte, so vollständig und ganzheitlich, so sicher, dass alles sich so zusammenfügt, wie es sein soll. Ich habe die Frau meiner Träume an meiner Seite und meinen besten Freund, Will Fredericks. Das Leben könnte nicht besser sein.«

Lange Zeit blieb das auch so.

Zwei Jahre, nachdem Adam und Brenda geheiratet hatten, erwartete Brenda ihr erstes Kind. Das feierten sie bei einem Mittagessen mit Will und Wanda. Will nahm Adam nach dem Essen zur Seite und ging mit ihm ins Wohnzimmer. »Es gibt nichts Schöneres im Leben, als ein Baby zu erwarten.« Er deutete auf die Bibel auf dem Tisch. »Lehre das Kind Gottes Wort und alles wird sich zum Guten wenden.«

Adam freute sich über diesen Rat. Als Brenda im sechsten Monat schwanger war, wählten sie Will und Wanda als Paten für ihr Kind aus. Seitdem besuchten Adam und Brenda das Paar einmal in der Woche und sie lasen gemeinsam in der Bibel. Dadurch festigte sich die Freundschaft zwischen Adam und Will noch mehr.

»Er bedeutet mir so viel«, sagte Adam einmal zu Brenda. »Er ist für mich Vater, Mentor und Ratgeber.« Und nach einer Pause: »Aber vor allem ist er mein Freund. Der beste Freund, den ich je hatte.«

»Das freut mich.« Brenda legte den Arm um seinen Hals. »Solche Freunde sind ein Geschenk Gottes.«

Zu der Zeit ahnten weder Adam noch Brenda, wie sehr sie Will noch brauchen würden.

Vier Wochen vor dem Geburtstermin bekam Brenda Blutungen. Adam eilte mit seiner Frau ins Krankenhaus und zunächst schien auch alles gut zu gehen.

Der Arzt stabilisierte Brenda und war bei der Geburt des Kindes dabei. Es war ein Junge, den sie William – nach Adams Freund – nannten. Sie wollten ihn Billy rufen. Weil Brenda eine Notaufnahme gewesen war, durfte Adam nicht bei der Geburt dabei sein. Aber er konnte seinen kleinen Billy wenige Minuten danach sehen.

Adam berührte die winzige, rosige Hand seines Kindes und betete. *Lieber Gott, danke für dieses wunderbare Kind. Es ist so schön. Immer wird es mich an deine Treue erinnern. Bitte … bitte lass Brenda schnell wieder gesund werden, weil wir sie so sehr brauchen und sie sich mit uns freuen soll. Und bitte, lass dieses Kind aufwachsen und dich kennen lernen und …*

»Herr Murphy?« Die Stimme schallte durch den Flur, aufgeregt und panikartig.

Adam drehte sich um und er wusste sofort, dass etwas

nicht stimmte. An der Tür stand einer der Ärzte, blass und angespannt. Alles in Adam wehrte sich nachzufragen, was los sei. Aber es blieb ihm keine Wahl. Er ging drei Schritte auf den Arzt zu. »Geht es um Brenda?«

»Ja. Sie hat wieder zu bluten begonnen.« Die Worte des Arztes klangen hastig und besorgt. »Sie fragt nach Ihnen.«

Die nächste Stunde war ein Albtraum.

Adam folgte dem Arzt in Brendas Krankenzimmer. Seine Frau war wach, aber fast zu schwach, um zu sprechen. Die Ärzte erlaubten ihm nur wenige Minuten. Darum nahm er ihre Hand. Sein Blick wanderten von Brenda zu den Ärzten. Was war das? Was hatte das zu bedeuten? Warum dieser ernste Unterton? Sie würden die Blutung doch wohl stoppen können? Oder etwa nicht? Immerhin waren sie im Krankenhaus. Wieso hatten sie die Sache nicht unter Kontrolle?

»Brenda, halte durch!« Adams Herz raste, während er diese Worte sprach. »Ich werde in der Kirchengemeinde anrufen. Alle werden für dich beten.«

Der Doktor berührte Adams Ellenbogen. »Es tut mir Leid. Sie müssen jetzt gehen. Die Situation ist kritisch.«

Adam drückte Brendas Finger und gab ihr einen flüchtigen Kuss. Sie schaute ihn nur an. In ihrem Blick lag Frieden und Angst zugleich. Adam ging in den Warteraum, wo er Will, Brendas Eltern und ein paar Freunde aus der Gemeinde traf.

Will stand zuerst auf. »Wie geht es ihr, Adam?«

Einen Augenblick lang konnte Adam nichts sagen. »Sie ist ... es geht ihr schlecht.« Er schluckte und lehnte sich gegen die nächste Wand. »Bitte betet für sie! Jeder von euch.«

Und sie beteten. Vier Stunden lang beteten sie, bis der Arzt endlich zu ihnen in den Warteraum trat. Adam wusste sofort Bescheid.

»Es tut mir Leid.« Der Arzt schaute einige Sekunden zu Boden. »Wir haben getan, was wir konnten. Aber sie hat es nicht geschafft.«

Diese Nachricht war der Beginn eines undurchdringlichen, finsteren Dschungels.

Von Anfang an bot Brendas Mutter ihre Hilfe für das Baby an. Doch erst nach zwei Wochen traf Adam eine Entscheidung. Er brachte Billy zu Brendas Eltern. Er klopfte an die Tür.

Brendas Mutter öffnete. »Adam, ... komm herein.«

Die Eltern hatten seit Brendas Tod sehr gelitten. Aber sie hatten sich nicht gegen den Tod aufgebäumt. Sie fanden Frieden. Es war ein Frieden, den Adam sich nicht mehr vorstellen konnte. Adam reichte Brendas Mutter seinen Sohn Billy. »Ich kann nicht für ihn sorgen. Würdest du ...« Adam schaute auf seinen neugeborenen Sohn. »Würdet Ihr ihn nehmen? Ich werde Euch so oft ich kann besuchen, aber ...« Tränen erstickten seine Stimme. »Ich schaffe es nicht.« Er wusste nicht mehr, wie er den Tag bewältigen sollte, jetzt, da die ganze Verantwortung für das Kind auf ihm allein lag.

Brenda nahm das Baby auf den Arm. Sie war sprachlos. Nach einer Weile nickte sie. Mit ihrer freien Hand zog sie Adam an sich. »Lass dir helfen, Adam. Will wird sich jeden Tag um dich kümmern. Das weißt du.«

»Ja, ich weiß.« Adam trat einige Schritte zurück. »Ich kann ...« Er schüttelte den Kopf. »Ich kann nicht mehr an einen Gott glauben, der ...«

Niemand von ihnen sagte etwas. Schließlich wischte sich Brendas Mutter die Tränen von den Wangen und küsste Adam auf die Stirn. »Du brauchst ein paar Tage, Adam. Aber du wirst zurückfinden. Gott lässt dich so leicht nicht los. Will wird für dich beten und ich auch.«

Adam schluckte seine Tränen hinunter. »Danke.« Er nahm Billys winzige Fingerchen und drückte sie lange gegen seine Wange. »Passt gut auf ihn auf. Bitte!«

Ohne sich umzuschauen, wandte sich Adam ab und verließ das Haus.

Brendas Mutter hatte Adams Situation leider zu optimistisch eingeschätzt. Er blieb viel länger als nur ein paar

Tage fort. Obwohl Will ihn anrief und ihn besuchte, konnte Adam mit der endgültigen Tatsache nicht fertig werden: Er hatte für Brenda gebetet. Aber Gott hatte zugelassen, dass Brenda starb.

Von da an wollte Adam nicht mehr mit Will und Wanda beten und in der Bibel lesen. Einige Monate später packte er seine Siebensachen, stopfte sie in seinen Kleintransporter und einen Hänger und zog gen Norden nach Seattle. Er fuhr ohne Abschied von Brendas Eltern, Will und Wanda und seinem kleinen Billy los.

Es verging ein Jahr. Adam hatte Schwierigkeiten, Arbeit zu finden. Er konnte sich nicht acht Stunden lang konzentrieren, konnte keine Radiatoren und Maschinen einstellen. Die Liebe seines Lebens war tot und begraben. Und was noch schlimmer war: Billy musste ohne seinen Daddy aufwachsen. Adam war sehr bekümmert, dass er die Situation nicht ändern konnte.

Im zweiten Jahr in Seattle kündigte man ihm seine Wohnung, weil er die Miete nicht mehr bezahlen konnte. Er hatte kein Geld, kein Ziel und verzweifelte an seinen Fragen. Mehr als einmal hatte er eine Mahlzeit bei der Stadtmission eingenommen, wo jemand mit ihm über Gott gesprochen hatte. Jedes Mal machten ihn die Gedanken an Gott krank vor Wut. Er konnte an keinen Gott glauben, der ihm Brenda genommen hatte. Er konnte keinen Schritt mehr in eine Kirche setzen. Und er konnte es nicht mehr ertragen, wenn jemand mit ihm übers Beten sprechen wollte.

Er sehnte sich einfach nur danach zu sterben. Er suchte nach einem Weg, um wieder mit Brenda zusammen zu sein.

So machte er einen Plan. Er wollte alles Geld zusammenkratzen, sich davon eine Pistole kaufen und damit zurück nach Portland fahren. Dort wollte er sich dann zunächst von Billy verabschieden. Sein Ziel war, danach in ein Kaufhaus einzubrechen und zu warten, bis ihn jemand erschießen würde. Es war eine verzweifelte Idee. Aber Adam konnte an nichts anderes mehr denken.

Er besaß immer noch seinen Kleintransporter. Damit fuhr er auf der Straße in Richtung Süden bis nach Vancouver, Washington – etwa fünfzehn Kilometer nördlich von Portland. Nur wenige Kilometer vor Vancouver wurde der Treibstoff knapp. Er fuhr an eine Raststätte heran und suchte sein ganzes Auto durch – seinen Kofferraum, sein Handschuhfach, die Seitentüren, den Platz unter den Sitzen – aber alles, was er fand, waren dreiundvierzig Cent.

Weil Adam unbedingt seinen Sohn Billy sehen wollte, bevor er seinen Plan in die Tat umsetzte, überlegte er sich: *Ich werde den erstbesten Laden, den ich in Vancouver sehe, überfallen, fasse ausreichend Geld für Benzin ab und ziehe dann plangemäß eines nach dem andern durch.* Er nahm die Ausfahrt Vancouver-Nord und fuhr auf die erste Minitankstelle zu, die er sah.

Schweißperlen standen ihm auf der Stirn, als er auf die Tür der Tankstelle zuschritt. In der Tasche hielt er seinen geladenen Revolver bereit. *Okay*, dachte er bei sich. *Der Laden muss es sein. Nimm dir ein paar Kröten und verschwinde von hier.* Auf keinen Fall wollte er seine Waffe benutzen oder jemanden verletzen, bevor er die letzte Chance wahrgenommen hatte, seinem Sohn Adieu zu sagen.

Er trat durch die Eingangstür und sofort auf den Kassierer zu. Ein Blick über die Schulter zeigte ihm, dass der Laden leer war bis auf den Mann hinter der Kasse, der in einen kleinen Overhead-Fernseher guckte. Adam ließ die Spitze seiner Waffe aus seiner Jackentasche ragen und wollte gerade dem Mann befehlen, ihm das Bargeld aus der Kasse herüberzureichen, als er ein Geräusch hinter sich hörte.

»Adam!« Die Stimme klang alt und gebrechlich. »Ich kann es nicht glauben. Du bist es!«

Adams Hände begannen zu zittern. Wer sollte ihn hier erkennen, nachdem er so lange nicht in dieser Gegend gewesen war? Er drehte sich auf dem Absatz um, seine Hand umklammerte die Waffe in der Jackentasche. »Was wollen …«

In diesem Moment erlahmte Adams Hand. Der Mann, der vor ihm stand, war Will Fredericks. Er war älter geworden, ein bisschen wackeliger. Aber seine Augen hatten immer noch den strahlenden Glanz wie früher. »Adam, du hast uns so gefehlt!«

Adam trat zurück. Er zitterte, so bewegt war er innerlich. Ein Teil von ihm wollte seinen alten Freund anschreien, ihm sagen, dass er ihn in Ruhe lassen solle, damit er das zu Ende bringen konnte, was er sich vorgenommen hatte. Aber wenn Will erst wusste, was Adam vorhatte, würde er ihn ganz sicher davon abhalten. In diesem Moment streckte Will seine Hand aus und legte sie auf Adams Schulter. »Ich hoffe, dass du hier bist, bedeutet, dass du nach Hause kommst.«

Plötzlich fing Adam an zu weinen. Der Kassierer schaute befremdet zu ihnen hinüber. Will führte ihn hinaus und sie stiegen beide in Wills Kleintransporter. Aus dem Weinen wurde ein Schluchzen, ein vom Kummer geschütteltes Schluchzen, das Adam seit dem Verlust Brendas unterdrückt hatte. Er bedeckte sein Gesicht mit den Händen und schniefte. »Jeder hat von mir erwartet, dass ich einfach so weitermache, nachdem ich sie verloren hatte. Aber das konnte ich nicht. Ich wusste kaum noch, wie ich mich ohne sie allein bewegen sollte.«

Will hörte fast eine Stunde lang zu. Schließlich bot er Adam an, für ihn zu beten. An dieser Stelle hob Adam seine Hand. »Gott und ich sind miteinander fertig.«

»Wirklich?« Will verzog sein Gesicht zu einem traurigen Lächeln. »Nun, dann lassen wir es jetzt.«

Sie sprachen noch eine Weile zusammen, bis Will ihm seine Kreditkarte zeigte und sagte: »Ich glaube, ich tanke jetzt erst einmal für dich, damit du mir nach Hause folgen kannst.«

»Dir folgen?«

»Ja. In dem Augenblick, als ich dich sah, wusste ich, dass du eine Unterkunft brauchst. Vielleicht nur für ein paar Nächte.«

Adam konnte nur noch mit dem Kopf nicken.

Dieser Abend bestand aus einer ganzen Reihe von Ereignissen, die Adam kaum erklären konnte. Wie war es möglich, dass er, nachdem er weniger als eine Stunde im Gebiet von Portland-Vancouver war, Will Fredericks in die Arme lief? Wie konnte es sein, dass Will etwas von seinem leeren Tank wusste? Und wie war das alles an dem Abend möglich, als Adam die Absicht hatte, sich erschießen zu lassen?

* * *

Die Erinnerungen verblassten und Adam schaute zur Seite, wo Will neben ihm in der Kirchenbank saß.

Will hatte Adam immer schon sehr gemocht. Er war dabei, als Adam seinen neugeborenen Sohn zum allerersten Mal im Arm hielt. Genau diese Erinnerung war es, die Adam nun an diesen Ort zurückgetrieben hatte – in die Kirche, an die Seite seines alten Freundes – und das, obwohl er sich geschworen hatte, nie mehr den Fuß in eine Kirche zu setzen.

Er hörte Stimmen hinter sich und drehte sich um. Es war Brendas Mutter mit einem kleinen Jungen an der Hand. Adam beobachtete, wie der Kleine neben seiner Großmutter durch den Mittelgang tippelte und seine Augen füllten sich mit Tränen. Damals hatte Adam mit Brendas Mutter besprochen, dass Billy – sobald Adam eine Arbeit und wieder Halt gefunden hatte – zu seinem Vater zurückgehen sollte. Jetzt hatte auch Brendas Mutter Tränen in den Augen.

Tränen der Freude.

Sie setzte sich neben Adam, umarmte ihn und gab ihm Billy auf den Schoß. »Ich kann es immer noch nicht glauben, dass du hier bist!«, flüsterte sie ihm ins Ohr.

Adam nickte und fragte sich, was aus ihm geworden wäre, wenn Gott ihm an jenem fatalen Abend nicht Will in die Tankstelle geschickt hätte. Adam wäre höchstwahrscheinlich tot. Oder in Untersuchungshaft mit einem schwebenden Verfahren. Er hätte Billy für immer verloren. Billy, der Brendas Augen und ihr Lächeln hatte.

Adam schauderte und blickte zu Will. »Es ist ein Wunder, dass ich hier bin. Ich danke dir. Ich danke dir für alles.«

Wills Augen leuchteten auf. Er rückte an Adam heran und flüsterte ihm etwas zu. Durch diese Worte fühlte sich Adam geliebt, vertrauenswürdig und wertvoll zugleich. Immer wieder erinnerte er sich an diesen Satz: »Du bist mein Freund, Adam. Ich habe Gott gebeten, dich zu verstehen und dir zu helfen. Und das hat er getan. Es ist sein Wunder. Nicht meins.«

Laufen und fliegen

Steven Sanders und Jimmy Rowden wuchsen Tür an Tür in einem Außenbezirk von Chicago auf. Sie waren schon dicke Freunde, bevor sie laufen konnten, und als sie in den Kindergarten gingen, wurden sie richtig dicke Freunde. Später gingen sie morgens gemeinsam zur Schule und spielten nachmittags miteinander. Im Winter bauten sie Burgen aus Schneebällen und im Frühling kämpften sie um die Fußballweltmeisterschaft. Der ans Haus angrenzende Hof war ihr Fußballstadion.

Und noch einiges mehr hatten sie gemeinsam. Sie waren beide Scheidungskinder. Ihre Mütter mussten mit jeweils zwei Jobs ihr Geld verdienen, so dass ein Babysitter sowohl für Steven als auch für Jimmy nachmittags und abends die einzige erwachsene Bezugsperson war.

»Die beiden brauchen einander«, hörte Steven einmal eine Nachbarin sagen. »Ich kann mir nicht vorstellen, wie die Jungen damit zurechtkämen, wenn sie getrennt würden.«

Ihre Freundschaft war nicht allein eine Sache der zufälligen Nachbarschaft. Die Jungen hatten beide große Träume. Im dritten Schuljahr stand für Steven fest, einmal Pilot werden.

»Ich werde der beste Pilot der Welt«, sagte er zu Jimmy im Sommer auf einer ihrer Fahrradtouren durch das Wohngebiet. »Das ist das beste Gefühl der Welt, da oben in der Luft herumzufliegen.«

Auch Jimmy hatte einen Traum. Er war der schnellste Läufer in seiner Klasse und etwas größer als Steven. Er wollte einmal Olympiasieger im Laufen werden und vielleicht sogar der schnellste Läufer der Welt.

»Jeder wird meinen Namen kennen«, schwärmte Jimmy und schlug sich stolz an seine schmale Brust. Und dann lachten sie, wie nur kleine Jungen lachen können, die große Träume haben. »Ich werde einen ganzen Haufen Goldmedaillen gewinnen. Dann bin ich reich und brauche nie mehr arbeiten!«

Das traurige an ihren Träumereien war, dass niemand ihnen glauben wollte, dass sie ihre Ziele erreichen würden. Ihre Mütter schon gar nicht!

»Setz dir nur nicht in den Kopf, Pilot zu werden, Steven!«, warnte ihn seine Mutter. »Die Fliegerei ist etwas für reiche Leute. Wir werden niemals reich sein.« Mit einem bitteren Lächeln fügte sie zu allem Überfluss hinzu: »Vielleicht wirst du einmal wie dein Opa unten in der Fabrik arbeiten können. Das wäre ein vernünftiger Arbeitsplatz für dich, Steven.«

Jimmys Mutter war nicht weniger entmutigend: »Läufer ist kein Beruf«, sagte sie kurz und knapp, wenn sie auf das Thema zu sprechen kamen. »Du kannst nicht immer ein Kind bleiben, Jimmy.«

Die Jungen erzählten sich gegenseitig die Kommentare ihrer Mütter. Aber sie waren sich einig: Sie wollten ihre Ziele erreichen und begeisterten sich umso mehr für ihre Träume.

Manchmal rannten sie durch die Felder, die sich an ihr Wohngebiet anschlossen. Steven hatte dabei seine Arme wie Flügel weit ausgebreitet und Jimmy rannte so schnell wie der Wind. Während sie rannten, schrien sie in alle Himmelsrichtungen, dass die Leute in der Nachbarschaft es hören konnten:

»Ich will fliegen!« Dabei senkte Steven den einen Arm und hob den anderen hoch in die Luft.

»Ich will laufen!«, rief Jimmy.
»Ich will fliegen!«
»Ich will laufen!«
Was ihre Mütter dazu sagten, war ihnen egal. Steven und Jimmy glaubten felsenfest, dass nichts auf der Welt sie von ihren Zielen abbringen könnte.

* * *

In dem Sommer, bevor sie ins fünfte Schuljahr kamen, änderte sich mit einem Schlag alles.

An einem heißen Mittwoch im August fuhr Jimmys Vater mit seinem Sohn und seinen Neffen an einen nahe gelegenen See. Jimmy verbrachte sonst kaum Zeit mit seinem Vater, deshalb freute er sich schon seit Wochen auf diesen Tag.

Im See war durch Balken ein Bereich zum Schwimmen abgeteilt. Auf einer Holzplattform tummelten sich Kinder und sprangen von allen Seiten ins Wasser.

Sein Vater öffnete gerade den Verschluss einer Trinkflasche und drückte seinen Liegestuhl in den Sand. »Kein Kopfsprung, Jimmy! Hast du mich verstanden? Und pass auf deine Cousins auf!«

Jimmy rannte mit seinen drei Vettern, die alle in seinem Alter waren, zum Wasser. Sie schwammen um die Wette bis zur Plattform, wo sich gerade ein Springwettbewerb unter den Kindern entwickelte. Jimmy, der immer schneller als die anderen war, kletterte aus dem Wasser und rief: »Fangt mich doch, fangt mich doch!«, aber das wollte keinem gelingen. Als die Jungen schließlich atemlos beieinander standen, steckten die Vettern plötzlich ihre Köpfe zusammen, tuschelten miteinander und grinsten Jimmy an.

»Jetzt kriegen wir dich, Jimmy«, rief einer und kreischend und lachend rannten alle drei auf einmal auf Jimmy zu.

»Nein, das schafft ihr nie!« Jimmy hob die Hände in die Luft. »Niemand kann mich fangen!« Sie würden ihn bei den Schultern greifen, das wusste er. Darum schlug er die Warnung seines Vaters in den Wind, flitzte zwischen ihnen hindurch an die Ecke der Plattform und sprang mit dem Kopf zuerst in das trübe Wasser.

Eine Sekunde lang freute Jimmy sich, dass er ihnen entwischt war. Aber in der nächsten Sekunde berührte sein Kopf den Grund des Sees und er spürte, wie sein Schädel krachte. Er wollte um Hilfe rufen, aber er bekam keine Luft und konnte nicht an die Oberfläche gelangen. Er konnte nur hoffen, dass seine Vettern merkten, was passiert war.

Wenn keine Hilfe kam, würde er ertrinken.

* * *

Steven wusste zunächst nicht, dass etwas passiert war. Aber zwei Tage später wurde er unruhig. Jimmy hätte von dem Ausflug mit seinem Vater schon längst wieder zurück sein müssen. Da Steven seitdem weder Jimmy noch dessen Mutter begegnet war, lief er schließlich zum Haus, in dem Jimmy wohnte, klopfte an die Tür und wartete. Eine alte Frau öffnete. Steven hatte sie noch nie gesehen.

»Ja bitte?« Ihre Augen sahen verweint aus.

»Ach … ich wollte fragen, ob Jimmy zu Hause ist?«

Die Frau bedeckte mit einer Hand ihren Mund und schüttelte den Kopf. Sie schluchzte auf und schloss die Augen. »Er hatte einen Unfall.« Sie blinzelte ihn unter Tränen aus traurigen Augen an. »Ich bin seine Großmutter.«

»Einen Unfall?« Steven spürte, wie sich alles in ihm zusammenzog. »Ja, was denn für einen Unfall?«

Und dann erzählte ihm die Großmutter, was passiert war.

Jimmy hatte sich beim Kopfsprung in den See einen Halswirbel gebrochen. Der schnellste Läufer der *Wright Elementary School* würde nie mehr laufen können. Jimmy war von der Taille an querschnittsgelähmt. Steven verstand diesen medizinischen Fachausdruck nicht, aber er wusste, was er bedeutet, als Jimmy aus dem Krankenhaus entlassen wurde.

Steven stand draußen in der Ecke des Vorgartens und sah erschrocken zu, als Jimmys Mutter und die Großmutter einen Rollstuhl aus dem Auto zogen, ihn auseinander falteten und Jimmy hineinhoben. Steven war auf seinem Beobachtungsposten sehr verunsichert, wie er sich verhalten und wie er helfen sollte. Aber eins war für ihn ganz sicher – ein Rollstuhl sollte seiner Freundschaft mit Jimmy Rowden nicht im Weg stehen.

Drei Tage lang fuhr die Großmutter Jimmy in den Vorgarten, sobald seine Mutter zur Arbeit gegangen war. Am vierten Tag passte Steven genau diesen Moment ab. Er wartete, bis die alte Dame im Haus verschwunden war. Dann lief er hinüber an den Gartenzaun und schaute auf Jimmys Füße. Er wusste nicht, was er sagen sollte.

Schließlich brach Jimmy das Schweigen. »Ich will immer noch laufen.«

Steven schaute seinen Freund an. Er spürte Tränen in seinen Augen. Nein, er wollte nicht weinen, nicht jetzt. Er trat an Jimmys Rollstuhl, legte seinen Arm um die Schultern seines Freundes und sagte: »Und ich will immer noch fliegen.«

Im Laufe der nächsten Wochen wurde Steven vertrauter mit Jimmys Querschnittslähmung. Beide Jungen stellten sich auf Jimmys Handicap ein, kickten mit dem Fußball hin und her, angelten am See und verbrachten noch mehr freie Zeit miteinander als zuvor.

Eines Tages – Jimmy saß gerade im Vorgarten und langweilte sich – hatte Steven eine Idee. »Komm, wir fahren in die Felder und spielen!«

»Ich kann doch nicht«, meinte Jimmy traurig.

»Warum nicht?« Steven wollte, dass Jimmy alles mitspielte, was sie früher gespielt hatten.

»Darum!«

Jimmys Stimme klang frustriert. Er atmete tief durch und seufzte. »Du weißt doch, wie schwer sich mein Rollstuhl auf den Feldwegen fahren lässt.«

»Ach so.« Steven dachte einen Augenblick darüber nach. Dann sagte er plötzlich: »Warte mal! Man kann einen

Umweg fahren und die andere Seite des Feldes nehmen. Da kann dein Rollstuhl gut rollen.«

Jimmy war noch nicht überzeugt. »Und wie soll ich dahin kommen?«

»Das ist doch ganz einfach.« Steven ließ seine Muskeln spielen und grinste seinen Freund stolz an. »Ich schiebe dich!«

So fuhr Steven mit Jimmy im Rollstuhl die Straße hinunter, auf einem Fußweg an einem abgeernteten Feld entlang und schließlich auf eine asphaltierte Straße, die im Acker endete. Einen Augenblick lang standen sie schweigend da. Das war die Stelle, an der sie davon geträumt hatten, dass ihre Ziele eines Tages Wirklichkeit werden würden. Aber jetzt, wo Jimmy im Rollstuhl saß, schienen alle Träume zu sterben.

Jimmy schaute zu Steven hoch. »Glaubst du, dass ich je wieder laufen kann?«

»Na klar!«, antwortete Steven schnell. »Ich helfe dir dabei. Der alte Rollstuhl da, den brauchst du nur so lange, bis deine Beine wieder in Ordnung sind.«

Jimmy nickte und blickte über das sich im Wind wiegende Gras und das abgeerntete Feld. Die Sonne war hinter den Wolken verschwunden und ein frostiger Wind fuhr über die leere Straße. Jimmy wandte sich zu Steven und fragte noch einmal: »Glaubst du, dass ich je wieder laufen kann?«

Die Frage hörte sich beinahe lächerlich an. Ein Jimmy Rowden, der nicht mehr laufen könnte? Natürlich würde Jimmy wieder laufen können, das war doch sicher, oder? Aber die Wahrheit sah ganz anders aus. Selbst ein kleiner Junge wie Steven hätte es besser wissen müssen. Gerade, als sich die lähmenden Gedanken an die Zukunft ausbreiten wollten wie das vor ihnen liegende, karge Feld, hatte Steven eine Idee.

»Hey!« Er drehte sich um und schaute Jimmy an. »Vielleicht können wir uns unseren Traum heute genau hier erfüllen!«

Jimmy zog die Stirn kraus. Er legte die Hände auf die Räder seines Rollstuhls und rollte ein wenig zurück. »Welchen Traum?«

»Das weißt du doch ...« Steven zeigte zum Himmel. »Ich fliege und du rennst.«

Noch bevor Jimmy etwas sagen konnte, schob Steven den Rollstuhl an und rannte los. Schneller und immer schneller ging die Fahrt. Die Straße vor ihnen schien beinahe endlos zu sein. Als die beiden genug Fahrt hatten, sprang Steven auf und stellte sich hinten auf einen Holm des Rollstuhls. Er drückte seinen Körper gegen Jimmys Rücken, breitete beide Arme aus und jubelte laut: »Guck doch, Jimmy, guck doch!«

Sein Freund drehte den Kopf und staunte. »Steven, du bist verrückt.« Das klang schon gar nicht mehr traurig. Ein zaghaftes Lächeln erhellte sein Gesicht. »Was machst du da?«

»Das siehst du doch!« Steven stieß einen lauten Freudenschrei aus, nahm den Kopf nach hinten und hielt seine Arme immer noch ausgebreitet. »Ich fliege, Jimmy. Ich fliege wirklich!«

Atemlos sprang Steven vom Rollstuhl, als das Fahrzeug zum Stehen kam. »Okay.« Er ging nach vorn zu Jimmy. »Jetzt bist du an der Reihe.«

»Waaas ...?«

Mehr konnte Jimmy nicht sagen, denn Steven bückte sich schon, warf Jimmys lahme Beine über seine Schultern und rief: »Halt dich fest!«

»Ehrlich?« Jimmy schlang seine Arme um Stevens Hals.

»Ehrlich.« Steven sprang ein paar Mal, um Jimmy aufrecht zu setzen. Mit dem Freund auf den Schultern rannte Steven die Straße hinunter. Schneller und immer schneller lief er. Von hinten konnte er Jimmys Lachen hören, das der Wind davontrug.

»Ich laufe! Steven, es stimmt! Ich laufe wieder!«

Und wirklich, in diesem Augenblick erschienen ihnen ihre Träume so real wie die Wirklichkeit.

* * *

Die Jahre vergingen. Jimmy lernte nicht wieder laufen. Doch die Freunde beteten unbeirrt zu Gott und baten ihn, dass Steven eines Tages fliegen und Jimmy an seiner Olympiade teilnehmen könnte.

Im siebten Schuljahr wurde ihre enge Freundschaft jäh unterbrochen. Es war das Jahr, in dem Jimmy und seine Mutter nach Kalifornien umzogen.

»Ich schreibe dir!«, versprach Jimmy am Tag vor seiner Abreise. »Wir werden immer Freunde bleiben. Komm, wir wollen uns versprechen, für unsere Träume weiterzubeten, egal was passiert.«

Am Anfang schrieben sich die Jungen tatsächlich regelmäßig. Doch mit der Zeit wurden die Briefe spärlicher, bis der Briefwechsel eines Tages ganz aufhörte. Was nicht aufhörte, waren die Gebete für ihre Träume. Trotz aller körperlichen und finanziellen Hindernisse wollte Jimmy Olympiasieger werden und Steven fliegen lernen. Obwohl sie nun nicht mehr im Kontakt standen, beteten sie weiter und verfolgten ihre Ziele.

Es vergingen siebzehn Jahre. Steven hatte sich über die Air Force Academy zum Piloten der zivilen Luftfahrt hochgearbeitet. Wenn er eine Maschine startete und abhob, dankte er Gott jedes Mal, dass sein Traum Wirklichkeit geworden war. Fliegen war sein Leben! Immer wieder dachte er an Jimmy. Ob es den Ärzten geglückt war, seinem Jugendfreund wieder zum Gehen, vielleicht sogar zum Laufen zu verhelfen?

Es war an einem Wintermorgen. Steven war vorzeitig mit seinen Flugvorbereitungen fertig geworden. Er nickte seinem Copiloten zu und deutete mit dem Kopf zur Kabinentür. »Ich bin gleich wieder da. Ich will nur noch durchs Flugzeug gehen und nach dem Rechten sehen.«

Er schritt durch den Mittelgang und lächelte den Passagieren rechts und links freundlich zu. Wenn ihm genug Zeit blieb, ging Steven gern vor dem Abflug noch einmal durch sein Flugzeug und schaute sich die Leute an, die er beförderte. Der Ausdruck in ihren Gesichtern machte ihm die große Verantwortung bewusst, die er für so viele Menschen während des Fluges übernahm.

Als er fast bis zum letzten Platz vorgedrungen war, blieb er abrupt stehen. Das Gesicht dieses Mannes dort hinten in der letzten Reihe – an wen erinnerte es ihn?

Steven brauchte nur wenige Sekunden. Sein Atem stockte. Er ging auf den Mann zu und legte den Kopf zur Seite. »Jimmy Rowden?«

Der Blick des Passagiers fiel auf das Namensschild *Sanders* an Stevens Uniform. Der Mann traute seinen Augen nicht. »Steven?«

»Das ist doch nicht möglich! Ich hatte schon befürchtet, dass wir uns nie mehr wieder sehen würden!«

Jimmy schüttelte den Kopf. Seine Augen wurden feucht. »Das ist zu schön um wahr zu sein.«

Genau hier, mitten unter den Passagieren, schlugen die beiden Männer freundschaftlich ihre Hände gegeneinander.

»Dein Traum hat sich erfüllt, Mann! Nun sieh dir das an: Da fliegst du diesen Riesenbrummer!«

Sie unterhielten sich kurz über ihre Familien – beide waren verheiratet und hatten zwei Kinder. Plötzlich brach die Unterhaltung ab. Steven musste an Jimmys Beine denken und fragte sich, ob er sie je wieder benutzen konnte. Er wollte seinen alten Freund gerade fragen, ob sein Traum auch in Erfüllung gegangen war, als er exakt in diesem Moment zwei Krücken entdeckte, die gegen den leeren Sitz an Jimmys Seite gelehnt waren. Sein Herz zog sich zusammen. Wenn Jimmy immer noch Krücken benutzen musste, dann …

Jimmy räusperte sich, griff nach seinen Gehhilfen und schwang sich auf die Füße. Da seine Beine nicht hundertprozentig gelähmt waren, konnte er sie noch benutzen, um sich auf dem Boden etwas abzustützen. Jimmy gab Steven einen kräftigen Schubs und einen freundschaftlichen Klaps auf den Rücken. »Hast du für mich gebetet?«

»Ja.« Steven suchte nach Worten. Warum hatte Gott seinen Freund nicht geheilt? Warum konnte er bis heute seine Beine nicht bewegen? »Ja, ich habe die ganze Zeit für dich gebetet. Und tue es immer noch.«

»Ich auch.« Jimmy lächelte. »Und wie es aussieht, hat Gott uns beide erhört.«

Steven wusste nicht, was er sagen sollte. »Was ...« Er konnte nichts fragen, konnte Jimmy nicht in die Augen schauen. War sein Traum allen Ernstes wahr worden?

Als könnte er Stevens Gedanken lesen, lachte Jimmy fröhlich auf. »Rate mal, wohin ich fliege!«

»Wohin denn?« Steven sprach jetzt rascher und leiser als zuvor. Die Passagiere hatten inzwischen alle Platz genommen und er musste zurück ins Cockpit.

Jimmy streckte seine Arme aus. Seine Augen strahlten: »Ich bin für die Olympiade qualifiziert worden, hey! Seit Jahren trainiere ich dafür und habe gute Chancen bei der 100-Meter-Staffel!«

»Olympiade?« Steven wollte seinen Freund nicht anstarren – sein Blick haftete immer noch an Jimmys Krücken.

»Die Rollstuhl-Olympiade, Mann!« Jimmy lehnte sich gegen seinen Sitz und schüttelte den Kopf. Nach einer kurzen Pause schaute er Steven an und meinte: »Ich will immer noch laufen. Und es fühlt sich heute noch fast genauso an wie damals, als ich noch richtig gehen konnte. Kurz bevor du diesen Gang entlangkamst, erinnerte ich mich daran, wie wir damals auf den Feldern herumgeschrien haben: ›Ich will laufen ...‹!«

»... und ›Ich will fliegen‹!«, ergänzte Steven rasch.

»Und jetzt ...« Jimmy warf seine Hände in die Luft und versetzte Steven noch einmal einen Stoß. »Jetzt ist es soweit!«

Steven begriff. Er und Jimmy waren im selben Flugzeug, genau an jenem Tag, an dem Jimmy zur Olympiade flog.

Das war unglaublich! Ein Schauer lief ihm über den Rücken. »Da hast du Recht.« Steven senkte seinen Blick aus Ehrfurcht vor Gott und er staunte, wie Er die Dinge zum Guten gewendet hatte. »Gott hat unsere Gebete erhört. Es ist ein Wunder!«

Anmerkung: Nach dieser „zufälligen“ Begegnung im Flugzeug blieben Steven und Jimmy weiter im Kontakt. Jimmy qualifizierte sich bei der Rollstuhl-Olympiade. Einige Monate später gewann er die Goldmedaille. Steven war beim Endausscheidungsspiel als Zuschauer dabei.